Die Grundsätze

der

mittelbaren Stellvertretung

aus der Interessenlage entwickelt

von

Rudolf Müller-Erzbach,
Gerichtsassessor und Privatdozent in Bonn.

Berlin 1905.
J. Guttentag, Verlagsbuchhandlung,
G. m. b. H.

Inhalt.

I. Unsere Aufgabe.

§ 1.

Der rechtsgeschäftlichen Wahrnehmung fremder Interessen sind zwei verschiedene Wege geöffnet: Entweder wird Fremdes nach außen als Eigenes behandelt. Der Handelnde tritt im eigenen Namen auf. Oder das Geschäft wird offenherzig auf den Namen des wahren Interessenten gestellt.

Gegenstand unserer Untersuchung ist der erste Fall, bei dem der Umstand, daß ein fremdes Interesse zugrunde liegt, gar nicht oder nur beiläufig hervortritt und beim Vertragsschlusse nicht zum Bestandteile des Vertrages erhoben wird.

Bei dieser „mittelbaren Stellvertretung" sind drei Personen notwendig beteiligt, die in dieser Abhandlung unter folgenden im Interesse der Kürze gewählten Bezeichnungen auftreten:

1. der Interessent, d. i. derjenige, für dessen Rechnung abgeschlossen wird,

2. der Vermittler, d. i. der mittelbare Stellvertreter (davon auch „Vermittlung" = mittelbare Stellvertretung),

3. der Dritte oder Drittkontrahent, d. i. der Gegenkontrahent des Vermittlers.

Mannigfach sind die Gründe, die den Verkehr veranlassen, die mittelbare Stellvertretung zur Hilfe zu nehmen. In der Hauptsache kommt ein Dreifaches in Betracht:

1. In vielen Fällen ist das Bedürfnis, fremden Kredit zu benutzen, ausschlaggebend. Z. B. es wünscht X ein Geschäft

mit A abzuschließen, genießt aber bei A keinen Kredit, etwa weil A nicht X und seine Geschäftsführung kennt.

Um den Vertrag gleichwohl zustande zu bringen, wendet X sich an Y, der Kredit bei A besitzt. Y stellt das Geschäft auf seinen eigenen Namen, zu dem A Zutrauen hat, und verwertet so seinen Kredit für den Auftraggeber X.

2. Ferner ist die vollkommene ohne weiteres gegebene Legitimation des Vermittlers ein Anreiz, einen Vertrag auf diesem Umwege abzuschließen und der mittelbaren Stellvertretung vor der unmittelbaren den Vorzug zu geben. Würde nämlich dasselbe Geschäft direkt auf den Namen des wahren Interessenten gestellt, so bedürfte es zur Vertragschließung einer besonderen Ermächtigung und insbesondere würde eine Vollmacht dann unentbehrlich sein, wenn hinterher der Vertreter genötigt wäre, auf Grund des Geschäftes gegen den Mitkontrahenten klageweise vorzugehen.

Bei der mittelbaren Stellvertretung hingegen kann der Vermittler alle Rechte für den Interessenten ohne besondere Ermächtigung wahrnehmen. Diese Art der Interessenwahrnehmung hat also den Vorzug größerer Einfachheit. Sie kommt namentlich dann in Frage, wenn der Interessent an einem entfernten Orte wohnt, so daß er auch nach Abschließung des Vertrages bei der Abwicklung des Geschäfts, insbesondere bei der Einziehung (Einklagung) der Forderungen auf die Hilfe des Stellvertreters angewiesen ist.

3. Schließlich ist für die Wahl der mittelbaren Stellvertretung bisweilen der Wunsch des Interessenten maßgebend, seine Beteiligung bei einem Geschäft im Dunkeln zu lassen.

Uns sollen nun die rechtlichen Beziehungen beschäftigen, welche diese Art der Vertretung ins Leben ruft.

Bis in die neueste Zeit bestand kaum ein Zweifel, daß diese Beziehungen einfacher Natur und leicht zu durchschauen seien. Und in der Tat, was erscheint auf den ersten Blick einfacher und natürlicher, als die rechtliche Schlußfolgerung, daß nur für sich selbst Rechtswirkungen hervorruft, nur sich selbst Rechte erwirbt und

Pflichten aufbürdet, wer im eigenen Namen wenn auch für fremde Rechnung handelt? Wird doch die Person des wahren Interessenten regelmäßig im Vertrage gar nicht genannt, und der Dritte weiß in vielen Fällen nicht einmal, daß überhaupt für fremde Rechnung abgeschlossen wird. Wie sollten da dem Interessenten Rechte und Pflichten aus einem Vertrage erwachsen, wie sollte er selbst, sein Verhalten, seine persönlichen Verhältnisse irgendwelchen Einfluß ausüben können auf die Wirkung eines Vertrages, bei dessen Abschlusse er vielleicht nicht einmal erwähnt wurde?

Wenn daher das geltende Recht die Person des Interessenten ganz außer Betracht läßt, so erscheint das als selbstverständlich, als logische Notwendigkeit.

Gleichwohl ist in neuerer Zeit die Meinung, die mit der herrschenden Lehre in der mittelbaren Stellvertretung ein konsequent durchgeführtes und durchsichtiges Rechtsgebilde erblickte, erschüttert worden. Verschiedene mit der angeblichen Einfachheit und Folgerichtigkeit dieses Instituts im Widerspruch stehende Rechtsvorgänge wurden beobachtet, die erkennen ließen, daß die gegenwärtige Rechtsbehandlung den tatsächlichen Verhältnissen, der Interessenlage doch nicht überall gewachsen und deshalb in den Konsequenzen nicht durchzusetzen sei.

So wurde die Überzeugung von der Reformbedürftigkeit dieses scheinbar so glücklich geregelten Rechtsinstituts in weite Kreise getragen. [1])

[1]) Die Notwendigkeit einer Reform erkennen u. a. an Keyßner in Goldschmidts Zeitschr. f. Handelsr. Bd. 29, S. 305, Max Weber, daselbst Bd. 44 S. 29 ff. Namentlich ist es aber das Verdienst S. Schloßmanns (die Lehre von der Stellvertretung insbesondere bei obligator. Verträgen, Leipzig 1900 u. 1902) nachgewiesen zu haben, daß nur zusammenhangslose Trümmer vorhanden sind, wo man ein festes Rechtsgebäude vermutete.

Im Anschluß an Schloßmann treten für eine Reform ein M. Rümelin im Archiv f. zivil. Praxis Bd. 93 S. 131 ff, R. Leonhard bei Eck, Vorträge über das Recht des BGB. 1903 Bd. I S. 177, § 36 Note 2. Vgl. auch die in Note 3 zu § 2 unten erwähnte neue Theorie Endemanns und die Note 6 zu § 8 mitgeteilten Reformbestrebungen Regelsbergers.

Es mag deshalb einem wissenschaftlichen Bedürfnisse entsprechen, wenn diese Arbeit den Versuch unternimmt, die Grundsätze der mittelbaren Stellvertretung in Einklang mit den tatsächlichen Verhältnissen zu bringen und eine konsequente Lehre an die Stelle der von Ausnahmen zerrissenen zu setzen.

Die maßgebenden Grundsätze finde ich, indem ich von der jeder mittelbaren Stellvertretung zugrunde liegenden Interessenlagerung ausgehe und aus ihr die Prinzipien entwickele, die nach meinem Dafürhalten am besten, ja die allein einen Ausgleich unter den miteinander ringenden Interessen bilden.

Mit meinen Ergebnissen befinde ich mich dann in mehr oder minder vollständiger Übereinstimmung mit dem römischen Rechte, einigen modernen Auslandsrechten und einem hochentwickelten, wenngleich wenig beachteten deutschen Rechtsgebiete, dem Seeversicherungsrechte (HGB. Buch 4), das die gefundenen Rechtsprinzipien nahezu überall bis in die letzten Konsequenzen hinein als positiv geltendes Recht wiedergibt.

Ja, selbst die im allgemeinen bürgerlichen Rechte Deutschlands herrschende Lehre, die dem römischen Rechte gegenüber als Rückbildung erscheint, muß in verschiedenen wichtigen Punkten den m. E. richtigen Prinzipien Einlaß gewähren. Gewaltsam dringen sie mit einzelnen Rechtssätzen ein, die dann in ihrer Isoliertheit unverständlich erscheinen, solange man in ihnen nicht Äußerungen einer mit Gewalt durchbrechenden neuen Lehre erkennt.

Um nun von vornherein klarzustellen, welche Prinzipien ich für die richtigen halte, setze ich schon hier dem gegenwärtigen Rechtszustande die Ergebnisse meiner Untersuchung gegenüber:

Das *geltende* Recht kennt nur Rechtsbeziehungen zwischen dem Interessenten und dem Vermittler einerseits und zwischen diesem und dem Dritten andererseits. Hingegen fehlt zwischen dem Interessenten und dem Dritten, also zwischen den beiden Hauptbeteiligten, jedes rechtliche Band: Der Interessent tritt nicht in den von dem Vermittler mit dem Dritten abgeschlossenen Vertrag ein, den ich in Zukunft kurz als „Außenvertrag“ bezeichne.

Nach meiner Überzeugung bedarf es einer unmittelbaren Rechtsbeziehung zwischen dem Interessenten und dem Dritten. Der Interessent selbst muß aus dem Außenvertrage Rechte erwerben und zwar er allein, während dem Vermittler nur die Rolle eines Empfangsermächtigten zufällt. Gleichzeitig muß der Interessent auch in die Pflichten des Vertrages eintreten, so daß dem Dritten zwei Schuldner bereit stehen, der Vermittler und neben ihm der Interessent.

Aus dieser grundlegenden Verschiedenheit ergibt sich alles weitere gleichsam von selbst.

Unsere Untersuchung wird folgenden Gang nehmen:

Zunächst soll in einem rein theoretischen Teil (§§ 2—4) dargetan werden, daß das geltende Recht der Interessenlage nicht entspricht, daß es infolgedessen mit grundlegenden Rechtsprinzipien nicht in Einklang steht und in zahlreichen Fällen unlösbare Widersprüche veranlaßt.

Überall wird sich dann übereinstimmend zeigen, daß die Konflikte sich lösen, wenn die unmittelbare Berechtigung und Verpflichtung des Interessenten an die Stelle des bisherigen Rechtszustandes tritt.

Der zweite Teil der Abhandlung soll zur Bestätigung des ersten den Nachweis bringen, daß in hochentwickelten Rechten der Vergangenheit und Gegenwart die im ersten Teil gefundenen Prinzipien mehr oder minder vollständig zum Durchbruch gelangt sind.

Zum Schluß endlich ein Wort über das von mir eingeschlagene Verfahren. Denn der Weg, den ich gehe, ist ein wenig beschrittener. Und wenn auch die Bestätigung, welche die hier angewandte realistische Methode in verschiedenen voneinander unabhängigen positiven Rechten findet, eine gewisse Gewähr dafür bietet, daß sie nicht allzuweit vom richtigen Wege abirrt, wie ja denn überhaupt die Arbeit selbst durch ihre Ergebnisse die Berechtigung und Notwendigkeit des Verfahrens erweisen muß, so komme ich doch am Schluß in eingehender Ausführung noch einmal auf die Methode zurück, um sie möglichst unabhängig von den Resultaten dieser Untersuchung zu stellen.

II. Die Undurchführbarkeit der geltenden Prinzipien und ihre Ersetzung durch andere mit der Interessenlage übereinstimmende.

A. Unvereinbarkeit der herrschenden Lehre mit einer allgemeinen Rechtstendenz.

§ 2.

Es ist ein charakteristischer Zug unseres Rechts, insbesondere des allgemeinen Vertragsrechts und des Rechts der Schuldverhältnisse, daß es nur Gläubiger und Schuldner kennt, dritte Personen, die außerhalb des Schuldverhältnisses bleiben, hingegen nicht beachtet, es sei denn, daß es sich um Vertreter eines „Gläubigers" oder um Vertreter oder Gehilfen eines „Schuldners" handelt.

Wer nicht selbst unmittelbar berechtigt oder verpflichtet ist, nicht als Gläubiger oder Schuldner, als Käufer oder Verkäufer, als Unternehmer oder Besteller an das Obligationenband geknüpft ist, steht außerhalb des rechtlichen Gesichtsfeldes, auch wenn ein Rechtsverhältnis nur um seinetwillen begründet ist, und er allein leisten oder empfangen soll. Was er meint, was er tut oder unterläßt, ist ebenso unerheblich, wie das, was ihm geschieht, was man ihm tut.

Nur sobald seine Handlungen oder seine Leiden unter die Kategorie der „unerlaubten Handlungen" fallen, wird er zu seinem Schutze oder, um andere gegen ihn zu schützen, der rechtlichen Beachtung teilhaftig.

Abgesehen aber von diesem Falle kann das Recht nur zu dem gelangen, der bereits in rechtlicher Beziehung steht. Es ist also eine eigentümlich formale Tendenz, die diesen ganzen Rechtskomplex bindet.[1]) Man wird sie gewahr, wenn man beachtet, wie oft in den Entscheidungen der Gerichte ein Suchen nach einem formalen Rechtsbande hervortritt, wie oft eine derartige Rechtsbeziehung in der künstlichsten Weise geknüpft wird. Die Entscheidung des RG. in Bd. 52 S. 366[2]) mag als Beleg hierfür dienen.[3])

Dieses formale Element des allgemeinen Vertrags- und des Obligationenrechts ist es nun, das mit dem Institute der indirekten Stellvertretung, wie es heute besteht, notwendig in Konflikt geraten muß. Denn um den Interessenten und dem Dritten schlingt sich kein vermittelndes Rechtsband. Der Interessent bleibt außerhalb des für seine Rechnung abgeschlossenen Vertrages und die unausbleibliche Folge hiervon ist ein Zustand der Rechtlosigkeit, den wir näher betrachten wollen.

Um ein recht anschauliches Bild von ihm zu gewinnen, müssen wir neben dem praktisch Bedeutsamen auch das Kleine und weniger

---

[1]) Ob sie berechtigt ist, soll hier nicht geprüft werden.

Das Versicherungsrecht scheint sie in einigen Punkten zu durchbrechen, z. B. fällt es dem Versicherungsnehmer zur Last, wenn gar nicht vertragsbeteiligte Angehörige oder Geschäftsangestellte ihm anzeigepflichtige Tatsachen verheimlichen. Vgl. V. Ehrenberg (Versicherungsrecht S. 341 zu Note 43 und diese). Vgl. auch die Ausführungen Ehrenbergs zu S. 439 Abs. c. daselbst: Geschäftsangestellte unterlassen Rettungshandlungen oder führen sie unzweckmäßig durch.

[2]) Vgl. die Bemerkungen Staubs in der Deutsch. Jur. Zeit. 1904 Sp. 49. Staub berichtet, daß dieses Urteil Gegenstand eines Vortrags in der Juristischen Gesellschaft zu Berlin gewesen sei. Der Vortragende (Prof. Dr. Endemann) hätte eine neue Theorie aufgestellt, nach welcher man aus einem Vertrage unter besonderen Umständen nicht bloß dem Gegenkontrahenten, sondern auch dem haften soll, in dessen Interesse der Vertrag geschlossen wurde.

Staub fügt hinzu: „Wenn diese Theorie sich Bahn bricht, so ist die Lösung gefunden."

[3]) Das RG kommt hier zu folgendem bedenklichen Rechtssatze: „Wenn jemand, zu dessen Berufsgeschäften es gehört, anderen in Geschäften der fragl. Art beratend zur Seite zu stehen, und der erfahren hat, daß ein anderer in einer

Wichtige ins Auge fassen, das nur durch die übereinstimmende Tendenz Gewicht erhält. Der Leser soll aus vielen kleinen und großen Zügen den Eindruck gewinnen, daß die gegenwärtige Rechtslage, weil sie der Interessenlagerung nicht entspricht, bereits an dem gekennzeichneten formalen Zuge des Rechtes Schiffbruch erleidet.

So sind es in den zunächst mitgeteilten Fällen die Interessen des „Dritten", denen das Recht nicht Genüge tut.

I. 1. Nach § 276 BGB. hat der „Schuldner" Vorsatz und Fahrlässigkeit zu vertreten.

Wird nun ein gegenseitiger Vertrag im Wege der indirekten Stellvertretung geschlossen, so ist der „Interessent" nicht „Schuldner" im Rechtssinne, wiewohl es in Wahrheit ihm obliegt, die Leistung zu bewirken. Die Folge ist, daß § 276 auf den „Interessenten" keine Anwendung findet. Er mag vorsätzlich oder fahrlässig der Erfüllung des Außenvertrages entgegenarbeiten, das Recht gewährt dagegen keine Handhabe. Den Interessenten bindet die Vertragstreue nicht.

Nun könnte man wohl auf den Gedanken kommen, § 278 heranzuziehen und zu behaupten, der Interessent sei eine „Person, deren sich der Schuldner zur Erfüllung seiner Verbindlichkeit bedient", daher könne auch ein Verschulden des Interessenten dem Dritten gegenüber geahndet werden.

Indessen würde eine solche Konstruktion die tatsächlichen Verhältnisse geradezu auf den Kopf stellen. Denn in Wahrheit „bedient" sich der Interessent des Vermittlers, dieser dient den Interessen des ersteren und nicht umgekehrt.

Diese Konstruktion würde überdies versagen in allen Fällen,

---

solchen Angelegenheit einer zuverlässigen Auskunft bedarf, diesen dann in einem an denselben gerichteten Schreiben eine Auskunft über den erheblichen Punkt gibt, so schließt er eben dadurch den betreffenden Vertrag mit dem Auskunft Begehrenden ab."

Vgl. auch RG. Bd. 21 S. 90, Annahme eines Auftragsverhältnisses zwischen Versicherungsagenten und Versicherungssuchenden.

in denen es sich nicht um eine Erfüllungstätigkeit handelt. So z. B. der Interessent vereitelt die Vertragsausführung, ehe es noch zur Erfüllung kommt. Ich setze den Fall, jemand gibt den Verkauf eines echten Menzel einem Kunsthändler in Kommission, verkauft und tradiert aber hinterher, ohne sich an seine Abmachungen mit dem Kunsthändler zu binden, selbst das Bild dem gutgläubigen X. Der Kunsthändler hat inzwischen auch seinerseits das Bild verkauft, kann aber seinen Vertrag infolge der Untreue seines Mandanten nicht erfüllen. Sein Käufer (der Dritte) muß sich das Ausbleiben der Erfüllung, das Leistungsunvermögen seines Schuldners ruhig gefallen lassen. Das Gesetz gewährt ihm keinen Schutz. Von einer Anwendung des § 278 kann offenbar keine Rede sein. Denn, ganz abgesehen von unserem obigen Einwande, kann der Vermittler hier nicht als Erfüllungsgehilfe angesehen werden, sondern nur als einer, dessen sich der Schuldner zur Erfüllung seiner Verbindlichkeit erst bedienen *wollte*.

Kurz, § 278 cit. kann nicht wohl Aushilfe schaffen.

Nun wäre etwa der weitere Einwand denkbar, daß der Interessent doch seinerseits — insbesondere bei *beauftragter* Stellvertretung — mit dem Vermittler in Rechtsbeziehung stehe, also seinem Vermittler als Auftraggeber oder als Kommittent die Vertragstreue halten müsse und infolgedessen *indirekt* auch dem Dritten verhaftet sei.

Diese Schlußfolgerung ist aber nicht zutreffend. Sie geht von falscher Voraussetzung aus.

Man übersieht, daß der Interessent ja seinem Vermittler *nur insoweit haftet, als dieser selbst gebunden ist*. Der Interessent muß dem Vermittler die Aufwendungen ersetzen, die dieser machen mußte, um seinen Verpflichtungen gegenüber dem Dritten zu genügen, bezw. der Interessent ist verpflichtet, den Vermittler von seiner Verbindlichkeit aus dem Außenvertrag zu befreien (§§ 670, 683, 684 BGB.). Es kommt also alles doch nur auf die Verpflichtung des Vermittlers an und inwieweit dieser haftet.

Dem Dritten, der mit dem Vermittler kontrahiert hat, nützt es also nichts, daß letzterer seinerseits den Interessenten am Bande hat. Denn für die Verpflichtung des Interessenten ist allein die Verpflichtung des Vermittlers maßgebend, und dieser haftet nicht für Verschulden des Interessenten. Ein vertragswidriges und schuldhaftes Verhalten des Interessenten kann also auch nicht auf dem Umwege über den Vermittler gefaßt und geahndet werden, denn der Vermittler hat es nicht „zu vertreten".

Man vergegenwärtige sich unser obiges Beispiel. Dort wird der Vermittler infolge seines Unvermögens zur Leistung frei und infolgedessen wird auch sein Auftraggeber befreit, ohne daß dessen ungetreues Verhalten und der aus ihm dem Dritten etwa entstandene Schaden berücksichtigt würde.

Nur wo der Vermittler selbst schlechthin haftet, also auch für Zufall einsteht, kann sich der Interessent nicht durch Vereitlung der Erfüllung befreien. Denn soweit der Vermittler dem Dritten haftet, ist der Interessent dem Vermittler verpflichtet.[4])

2. Nicht selten ist es für Existenz und Umfang einer Verpflichtung von Bedeutung, ob den Beteiligten gewisse Umstände bekannt sind oder bekannt sein mußten. Z. B. der eine Leistung Versprechende kennt die Unmöglichkeit der Leistung.[5]) Auch hier berücksichtigt das geltende Recht nun wiederum lediglich die unmittelbar Vertragsbeteiligten. Nur auf ihre Kenntnis soll es ankommen

Bei der gewöhnlichen (direkten) Vertretung hingegen sucht § 166 BGB. einen Ausgleich zu schaffen und die Person des Vertreters wie die des Vertretenen zu berücksichtigen. Für die mittelbare Stellvertretung ist eine gleiche Aushilfe nicht geschaffen.

---

[4]) Natürlich nicht im Falle einer Haftungssteigerung infolge Verschuldens des Vermittlers.

[5]) § 307 BGB., vgl. auch daselbst §§ 179 Abs. 2 u. 3, 439, 460, ferner die Fälle des arglistigen Verschweigens in §§ 443, 460, 463, 476—79, 480, 485, 637 usw.

Es ist also heute die Möglichkeit gegeben, aus der Unkenntnis eines arglosen Vermittlers Nutzen zu ziehen und dahinter die eigene Kenntnis zu verstecken.

Auch dieses zweifellos unbillige Resultat steht im engsten Zusammenhang mit der gekennzeichneten formalen Tendenz des Vertrags- und des Obligationenrechts: alle nicht an das Obligationenband geknüpften einfach zu ignorieren.

3. Dieser Zusammenhang wird insbesondere offenbar, wenn wir die Behandlung arglistigen Verhaltens im § 123 BGB. betrachten. Dort wird ausdrücklich gesagt, daß ein Dolus nur dann von Relevanz ist, daß gegen ihn das Rechtsmittel der Anfechtung nur dann gegeben wird, wenn ein unmittelbar Vertragsbeteiligter (Satz 1 u. 2 das.) oder ein unmittelbar Berechtigter (Satz 3) die Täuschung verübt hatte oder Mitwisser war.

Danach kann offenbar bei der mittelbaren Stellvertretung der Interessent ungestraft den Dritten betrügen, ja, er vermag sogar bei dem Betruge sich des Vermittlers zu bedienen, wenn dieser nur überall bona fide bleibt und die Arglist des Interessenten weder kennt noch „kennen mußte".

4. Die Unvereinbarkeit des geltenden Vermittlungsrechts mit der gekennzeichneten formalen Tendenz zeigt sich schließlich noch in einer Reihe von Einzelfällen.

So gibt z. B. beim Werkvertrage § 647 BGB. einen neuen Konfliktsfall an die Hand. Denn wenn dort dem Unternehmer ein Pfandrecht an der Sache des „Bestellers" eingeräumt wird, wie ist es dann mit diesem Schutzrechte, wenn der Besteller mittelbarer Vertreter ist? Dann gehört die Sache regelmäßig gar nicht diesem und ihr Eigentümer, der Interessent, wiederum ist nicht der „Besteller". [6])

Hat ferner auch der Interessent das Mängelbeseitigungsrecht

---

[6]) Das HGB. ist in ähnlichen Fällen vorsichtiger und spricht bei dem Pfandrecht des Kommissionärs, des Spediteurs, des Lagerhalters, des Frachtführers, des Verfrachters usw. schlechthin von einem Pfandrechte „an dem Kommissionsgut" oder „an dem Gute". §§ 397, 410, 421, 440, 623.

des Bestellers aus § 633 BGB., darf er insbesondere selbst den Mangel beseitigen?

Hat weiter bei einem Kauf der Interessent den Eviktionsanspruch des Käufers aus § 440 BGB., wenn er die Sache einem Dritten herausgeben mußte?

Alle diese Zweifel und Fragen und die vorher geschilderten Konfliktsfälle sind offenbar nur dadurch hervorgerufen, daß der Interessent nicht aus dem Außenvertrage unmittelbar berechtigt und verpflichtet wird, daß der Vermittler und nicht er der Gläubiger und der Schuldner, der Käufer und Besteller usw. ist. Alles wird in Ordnung sein, sobald der Interessent selbst als Träger der Rechte und Pflichten anerkannt wird.

II. Die beiden letzten Fälle haben zugleich gezeigt, daß von der herrschenden Rechtsgestaltung nicht nur wie in den vorhergehenden der Drittkontrahent den Schaden hat, sondern daß auch dem Interessenten ein Nachteil daraus erwächst.

Für diese Verkümmerung seiner Interessen gebe ich noch ein weiteres hierhergehöriges Beispiel:

Das herrschende Recht führt zu der nicht beabsichtigten Konsequenz, daß es den Interessenten ganz des Anfechtungsrechtes beraubt, das sonst ein jeder Schuldner in Anspruch nehmen darf, wenn er irrtümlich oder infolge arglistiger Täuschung ein Schuldverhältnis eingegangen ist.

Bei der mittelbaren Stellvertretung erlaubt das geltende Recht eine Anfechtung nur dann, wenn der Vermittler getäuscht oder im Irrtum war, es gewährt sie nicht, wenn lediglich der Interessent sich in einer Täuschung oder in einem Irrtum befand. (Vgl. Lehmann-Ring, Kommentar zum HGB. zu § 392 Note 1.)

Ein Fall der letzten Art lag der Entscheidung des ROHG. vom 8. Mai 1877 (Entsch. Bd. 22 S. 248ff.) zu Grunde. Er ist zwar nach preußischem Landrechte entschieden, aber die maßgebenden rechtlichen Erwägungen gelten auch für das Recht des BGB.

Es handelte sich um den kommissionsweisen Abschluß eines

Geschäftes, zu dessen Eingehung der Interessent durch Betrug des Drittkontrahenten bestimmt war. Das Gericht führt zunächst aus (S. 251 unten, S. 252), daß eine Anfechtung nur möglich sei, wenn der Kommissionär im Irrtum oder betrogen war. Hinterher gibt aber dieselbe Entscheidung doch ein Mittel an, um im Falle, daß lediglich der Kommittent im Irrtum befangen oder betrogen war, auf indirektem Wege eine Anfechtung herbeizuführen.

Wäre ein solcher indirekter Weg gangbar, so würde kein Grund zur Beschwerde vorliegen. Die Ausführungen des ROHG. sind deshalb sorgfältig zu prüfen.

Das Gericht sagt, der Kommittent könne den Kommissionsauftrag anfechten wegen wesentlichen Irrtums und der Kommissionär könne, wenn diese Anfechtung gelinge, den ihm hierdurch entstandenen Schaden von dem betrügerischen Dritten erstattet verlangen.

Diese Entscheidung ist — jedenfalls gegenüber unserem heute geltenden Rechte — nicht haltbar und zwar aus zwei Gründen:

a) Wenn der Kommittent seinen Kommissionsauftrag wegen Irrtums anficht, so kann dem Kommissionär hieraus ein Schaden gar nicht erwachsen, denn der Kommittent ist ja verpflichtet, dem Kommissionär allen aus der Anfechtung hervorgehenden Schaden, das sog. negative Vertragsinteresse, zu ersetzen (§ 122 BGB.).

Der Kommissionär erleidet also gar keinen Schaden und kann infolgedessen einen solchen nicht gegenüber dem betrügerischen Dritten geltend machen.

b) Sodann fehlt jede Rechtsunterlage, die den Anspruch des Kommissionärs auf Ersatz seines angeblichen Schadens stützen könnte.

Ein kontraktlicher Anspruch ist nicht gegeben und ebensowenig ein Anspruch aus § 122, weil der Kommissionär nicht im Irrtum war. Auch liegt dem Kommissionär gegenüber nicht etwa eine unerlaubte Handlung vor. Ein Anspruch aus unerlaubter Handlung steht vielmehr lediglich dem Kommittenten zu, der in Wahrheit allein geschädigt ist.

Die Konstruktion des ROHG. versagt also nach beiden Richtungen. So ist es denn richtig, daß heute dem Interessenten bei der direkten Stellvertretung jedes selbständige Anfechtungsrecht fehlt. Wohl kann der Interessent, wenn die Voraussetzungen des § 119 BGB. vorliegen, wegen Irrtums seinen Auftrag anfechten, den er dem Vermittler erteilt hat, bezw. seine Genehmigung. Allein diese Anfechtung ist nutzlos. Sie dringt ja nicht bis zu dem Dritten durch. Der Vermittler bleibt nach wie vor dem Dritten gebunden und muß diesem erfüllen. Infolgedessen muß auch der Interessent nach wie vor dem Vermittler das für die Erfüllung Aufgewendete ersetzen, bezw. ihn von seiner Verbindlichkeit befreien. Denn der wegen Irrtums anfechtende muß für allen Schaden aufkommen, der seinem Gegenkontrahenten aus der Anfechtung erwächst. Und dieser Schaden besteht eben darin, daß der Vermittler dem Dritten erfüllen muß.

Die Anfechtung hat also nur das Resultat, daß der Interessent jetzt auf Grund des § 122 BGB. (negatives Geschäftsinteresse) Schadensersatz leisten muß, was er sonst auf Grund der §§ 670, 683, 684 (Ersatz von Aufwendungen) bewirken müßte.

Die bloße Anfechtung gegenüber dem Vermittler hat also in der Tat gar keine Wirkung.

Im Falle eines Betruges durch den Dritten könnte nun wohl der Interessent sich dadurch helfen, daß er Schadensersatz wegen unerlaubter Handlung begehrt. Ein solcher Anspruch ist aber nur gegeben auf Grund des § 826 BGB., also wenn das Verhalten des Dritten gegen die guten Sitten verstößt. § 823 kommt nicht in Frage, weil keine Rechte des Interessenten verletzt sind. Dieser evtl. Ersatzanspruch aus § 826 ist aber kein Ausgleich für die Versagung des Anfechtungsrechtes, was besonders im Falle der Zahlungsunfähigkeit des Dritten hervortritt. Auch kann dieser außerkontraktliche Ersatzanspruch, und das ist ein praktischer Mangel, nicht von dem Vermittler im eigenen Namen verfolgt werden.

Es zeigt sich wieder, und zwar diesmal zum Schaden des

Interessenten, daß er als nicht Vertragsbeteiligter auch außerhalb des Rechtes steht.

Nun liegt es nahe einzuwenden, daß eine andere Rechtsgestaltung nicht wohl möglich sei, da es den Dritten benachteiligen würde, wenn man die Anfechtung des Außenvertrages auf Grund eines Irrtums des Interessenten zulassen wollte. Der Dritte habe vielleicht beim Vertragsschluß gar nicht gewußt, daß für fremde Rechnung kontrahiert werde, und nun tauche plötzlich der Interessent auf und wolle durch seinen Irrtum das ganze Geschäft zur Auflösung bringen.

Aber darauf, daß der Dritte gar nicht mit einem solchen Irrtum rechnen, ihn nicht voraussehen konnte, kommt es nicht an. Voraussehbarkeit für den anderen Teil ist keine Voraussetzung der Anfechtung. § 122 BGB. geht gerade im Gegenteil davon aus, daß der Irrtum dem anderen Teil unerwartet kommt: Er entzieht dem anderen jeden Ersatzanspruch, wenn dieser mit einem Irrtum rechnen mußte.

Es kann also für den Dritten nichts verschlagen, ob das Geschäft infolge eines Irrtums des Vermittlers oder des Interessenten aufgelöst wurde. Und vor allem, einen Nachteil erleidet er durch die Anfechtung überhaupt nicht infolge der § 122 cit. konstatierten Schadensersatzpflicht des Anfechtenden.

Wird aber der Dritte nicht benachteiligt, so ist andererseits auch zu fordern, daß er aus dem Versehen des Interessenten keinen Vorteil ziehe, und gerade diese ungerechtfertigte Bereicherung zu vermeiden, ist ja überall der Zweck des Anfechtungsrechtes. Das geltende Recht führt also zu unbilligen Konsequenzen, indem es den Interessenten von dem Anfechtungsrechte ausschließt, das sonst jedem Schuldner zu Gebote steht.

Fassen wir die bisherigen Beobachtungen noch einmal zusammen, so ist folgendes das Ergebnis:

Der Interessent ist an den Vertrag, der doch allein für ihn, für seine Rechnung abgeschlossen ist, in keiner Weise gebunden. Er mag fahrlässig oder vorsätzlich dem Vertragszwecke entgegenarbeiten, ihn vereiteln, niemand kann ihn dafür zur Rechenschaft ziehen. Er vermag ferner den Drittkontrahenten dadurch zu schädigen, daß er hinsichtlich rechtsbedeutsamer Umstände seine Kenntnis hinter der Unkenntnis seines Vermittlers verbirgt. Selbst ein arglistiges Verhalten des Interessenten fällt nicht ins Gewicht, falls nur der Vermittler bona fide ist.

Aber nicht nur, was der Interessent tut, sondern auch was ihm geschieht, bleibt unbeachtet. So mag der Dritte ihn betrügen, der Richter muß darüber hinwegsehen, solange nicht auch der Vermittler mitbetrogen ist.

Dem Interessenten mag ferner ein noch so bedeutsamer Irrtum bei der Vertragsschließung untergelaufen sein, das Gesetz steht ihm nicht wie jedem anderen bei, um den Vertrag wieder rückgängig zu machen.

Kurz, der Interessent steht hinsichtlich des für seine Rechnung geschlossenen Vertrages außerhalb des Rechts, und hierunter muß sowohl er selbst wie auch der „Dritte" leiden, der sich mit seinem Vermittler in einen Vertrag eingelassen hat. Den Interessen der beiden Hauptbeteiligten, des Interessenten und des Dritten, wird nur das Recht entsprechen, das zwischen ihnen unmittelbare Rechtsbeziehungen herstellt.

B. Konflikt mit der subjektiven Natur der Forderungsrechte.

§ 3.

Der im vorhergehenden Paragraphen gewonnene Eindruck der Unstimmigkeit wird sich vertiefen, wenn wir einen anderen charakteristischen Zug des Rechts der Schuldverhältnisse gewahr werden. Es ist dies die *persönliche, individualistische* Prägung aller Forderungsrechte. Jedes Forderungsrecht mit Ausnahme der reinen Geldansprüche, die von vornherein auf Zahlung einer festbestimmten

Summe Geldes gehen, hat eine bestimmte subjektive Färbung und zwar sowohl nach der Gläubiger- wie nach der Schuldnerseite hin.

I. Die Beeinflussung der Obligation durch den Gläubiger oder richtiger durch die persönlichen Verhältnisse des Gläubigers wird ersichtlich, sobald sich der Anspruch auf Erfüllung in einen solchen auf Ersatz des Vertragsinteresses verwandelt.

Denn der Umfang dieses Interesses gründet sich rein auf die individuellen Verhältnisse des Gläubigers, so daß der Ersatzanspruch, dem das subjektive Interesse des Gläubigers zu Grunde gelegt wird, dadurch ein ganz persönliches Gepräge erhält.

Nun ist bei dem „Außenvertrage" der Vermittler der Gläubiger des Dritten. Verwandelt sich sein Erfüllungsanspruch in einen Interessenanspruch, so ist allein das Interesse maßgebend, das er, der Vermittler, an der Erfüllung des Vertrages hat.

Hier macht sich aber die Eigenart aller Stellvertretung geltend, daß der Vermittler regelmäßig ein eigenes Interesse an der Vertragserfüllung gar nicht besitzt. Darin liegt ja, wovon unten noch die Rede sein wird, z. B. gerade der Unterschied zwischen der Stellvertretung und den Verträgen auf Leistung an Dritte, daß dem Vermittler im Gegensatz zu dem „Versprechensempfänger" jedes selbständige Interesse an der Vertragserfüllung fehlt. Nun haben zwar Theorie und Praxis sich gleichmäßig bemüht, gleichwohl ein solches eigenes Interesse des Vermittlers zu konstruieren, um aus dem Dilemma herauszukommen, in das unser geltendes „Vermittlungs"-Recht geraten ist, daß nämlich der Vermittler einen Interessenanspruch geltend machen soll, obwohl er kein eigenes Interesse besitzt.

Diese Versuche konnten nicht zum Ziele führen und haben, wie ich unten bei der Besprechung des positiven Rechts nachzuweisen suche, auch ihr Ziel nicht erreicht.

Es bleibt also richtig, daß dem lediglich in fremdem Interesse handelnden Vermittler ein eigenes Interesse fehlt, und infolgedessen auch die Möglichkeit, einen Interessenanspruch geltend zu machen, wenn der Drittkontrahent seinen Verpflichtungen nicht nachkommt. Damit ist ihm und dem Interessenten das wirksamste Mittel versagt, um den Drittkontrahenten überhaupt zur Vertragserfüllung anzuhalten.

Beide können bei Nichterfüllung Schadensersatz nicht begehren: Der Vermittler nicht, weil er keinen Schaden gehabt hat, der Interessent nicht, weil er in keiner rechtlichen Beziehung zu dem Dritten steht. Er allein hat zwar den Schaden davon, wenn der Dritte nicht erfüllt, es fehlt ihm aber infolge mangelnder Rechtsbeziehungen der Rechtstitel, um diesen Schaden selbst und eventuell durch eigene Klage geltend zu machen.

Hier ist das geltende Recht der mittelbaren Stellvertretung aufs neue in eine Sackgasse geraten, aus der es in der Tat einen Ausweg nicht gibt, und an keiner Stelle kann man schärfer erkennen, daß das geltende Recht mit der zu Grunde liegenden Interessenlage nicht im Einklang steht.

Gegenüber der Praxis des Lebens, die dringend eine Lösung dieses Dilemmas forderte, hat man sich nun zwar ebenso einfach wie gewaltsam geholfen, indem man den Knoten durchschnitt, den zu lösen niemand imstande war. Es wurde dem Interesseanspruche des Vermittlers kurzer Hand ein fremdes Interesse, nämlich das des Interessenten untergelegt, und man setzte sich darüber hinweg, daß damit eine Anomalie geschaffen wurde, die der Logik und Systematik spottet und den wissenschaftlichen Geist und die innere Wahrheit des Rechts auf das schwerste gefährdet.

Beachtenswert ist, daß bei dieser „Lösung" gegen alle sonstige Rechtsgestaltung plötzlich die Person des Interessenten und seine persönlichen Verhältnisse herangezogen werden. Das ist ein gewichtiges Zeugnis dafür, daß sich die völlige Außerachtlassung seiner Person nun doch einmal nicht durchführen läßt.

Das geltende Recht der mittelbaren Stellvertretung teilt gewissermaßen die Rolle des Gläubigers in zwei Teile, eine formelle Gläubigerschaft, die es dem Vermittler zuweist, und eine materielle, die nach Lage der Dinge dem Interessenten zufällt. Der

Vermittler ist allein Gläubiger im Rechtssinne, während de facto der wahre Gläubiger der Interessent ist, der allein die Leistung erhalten soll.

Die Unhaltbarkeit dieses Zwiespalts kommt hier ans Licht. Die Teilung der Gläubigerschaft mußte an der subjektiven Natur der Forderungsrechte Schiffbruch erleiden.

Und diese Unvereinbarkeit der herrschenden Lehre mit der individuellen Prägung aller Forderungsrechte kehrt noch in einem anderen, allerdings weniger bedeutsamen Punkte wieder.

Es ist die Bestimmung des § 255 BGB., nach welcher bei Schadensersatzforderungen der Ersatzberechtigte dem Schuldner alle Ansprüche abtreten muß, die ihm etwa gegen Dritte zustehen. Diese von Billigkeitsrücksichten diktierte Norm ist zum Nachteile des Drittkontrahenten nicht durchführbar, wenn dieser Ersatz leisten muß. Dem Rechte aus § 255 ist nämlich dadurch der Boden genommen, daß der Vermittler der „Ersatzberechtigte" ist, während regelmäßig der Interessent die abzutretenden Ansprüche innehat.

Wieder ist die Spaltung der Gläubigerschaft in eine formelle und materielle die Ursache der Rechtshemmung. Denn der Anwendung des § 255 BGB. wird sofort freie Bahn geschaffen, sobald das Recht anerkennt, daß der Interessent auch der Ersatzberechtigte ist und als der formelle Gläubiger dem Drittkontrahenten gegenübersteht. Dieser Fall drängt, und das ist das Bedeutsame, wie alles bisher Besprochene, gleichmäßig dahin, den Interessenten unmittelbar aus dem Außenvertrage alle Rechte erwerben zu lassen.

II. Bisher war nur von der persönlichen Färbung der Forderungsrechte nach der Gläubigerseite die Rede.

Die Obligation erhält aber einen persönlichen Anstrich ebenso durch den Schuldner und dessen individuellen Verhältnisse. Dies wird offenbar, wenn man sich vergegenwärtigt, daß nach §§ 275, 279 BGB. Befreiung von einer Leistungspflicht eintritt, wenn der „Schuldner" die geschuldete Spezies nicht zu leisten vermag. Denn diese Befreiung von der Leistungspflicht läßt das Gesetz selbst dann zu, wenn die Unmöglichkeit der Leistung keine allgemein objektive ist, sondern lediglich in den persönlichen Verhältnissen des Schuldners begründet ist, bloß auf seinem „Unvermögen" beruht.

Auch diesen Rechtsgrundsatz führt das gegenwärtige Vermittlungsrecht zu wunderbaren, nicht beabsichtigten Konsequenzen, wovon das oben S. 14 gegebene Beispiel schon überzeugen konnte, indem es alles auf die Leistungsfähigkeit des Vermittlers abstellt.

Da müssen wir fragen: Soll denn in der Tat der Vermittler sich auf sein Unvermögen zur Leistung berufen dürfen, obschon er überhaupt nicht aus eigenen Kräften zu leisten gewillt und imstande ist? Setzt doch offenbar dadurch das Recht den Vermittler in Stand, sich den Vertragsverpflichtungen ohne jeden materiell gerechtfertigten Grund zu entziehen.

Und andererseits soll sich der Vermittler nicht auf das Unvermögen des Interessenten berufen dürfen? Wenn das — wie nach heutigem Recht [1]) ja zweifellos — nicht der Fall ist, so wird der Vermittler hier genau so grundlos zurückgesetzt, wie wir es oben beim Anfechtungsrecht gesehen haben. Er wird von einer Institution ausgeschlossen, die sonst allen Schuldnern zugute kommt. Die Leistungsbefreiung des § 275 ist für diese große Gruppe von Schuldnern einfach nicht vorhanden.

Denn was nützt es dem Interessenten, wenn er sich seinem Gläubiger, dem Vermittler, gegenüber auf sein Unvermögen berufen darf? Da dieser gleichwohl leisten muß, so ist auch der Interessent nicht befreit, denn er muß dem Vermittler alles ersetzen, was

[1]) Vgl. auch den interessanten Fall, den das ROHG. (Bd. 23 S. 107) entscheidet.

Dort heißt es zu unserer Frage S. 108: „Die Klägerin (Kommissionärin) . . . konnte sich (ihren Käufern gegenüber) nicht auf das ihnen fremde Verhältnis zur Verklagten (Kommittentin) berufen, demnach wurde auch Klägerin durch die bei ihrer Kommittentin eingetretene Unmöglichkeit der Leistung nicht befreit" . . .

dieser aufgewendet hat, um die Leistung trotz des Versagens des Interessenten zu ermöglichen (§§ 670, 675 BGB.).

Wir erkennen, daß ebenso wie die formelle Gläubigerschaft so auch die formelle Schuldnerschaft des Vermittlers zu Resultaten führt, die der Gesetzgeber fraglos nicht gewollt hat. Der Interessent und der Drittkontrahent werden von einer Reihe von Institutionen ausgeschlossen, die das Gesetz zu gunsten aller Gläubiger und Schuldner geschaffen hat.

Diese Verkümmerung ihrer Interessen wird aber in demselben Augenblicke beseitigt, in welchem die formelle und materielle Gläubiger- und Schuldnerschaft in der Person des Interessenten vereint wird.

C. Konflikt beim Konkurse des Vermittlers.

§ 4.

Zum Schlusse müssen wir unser Augenmerk noch auf den praktisch wichtigen Fall lenken, daß der Vermittler in Konkurs geraten ist, während die aus der „Vermittlung" entstandenen Beziehungen noch nicht abgewickelt sind.

Der hierdurch geschaffenen Situation ist das geltende Stellvertretungsrecht[1]) ebenso wenig gewachsen, wie allen vorher betrachteten, und zwar um deswillen nicht, weil im Konkurse allein die formelle Rechtslage entscheidet und diese, wie wir schon gesehen haben, dem Interesse der Beteiligten nicht entspricht.

Es gehört nämlich zur Konkursmasse des Vermittlers alles, was dieser rein rechtlich, rein formell zu fordern berechtigt ist. So fallen auch in die Masse alle Ansprüche, die der Vermittler aus der mittelbaren Stellvertretung erwirbt, also sowohl der An-

[1]) Für das Kommissionsgeschäft gewährt eine gewisse, aber unzureichend Aushilfe § 392 Abs. 2 HGB. Näheres darüber unten § 8.

spruch aus dem Außenvertrage gegen den Dritten, wie der Deckungsanspruch gegen den Interessenten.

1. In Wahrheit gehört nun aber die Forderung gegen den Drittkontrahenten gar nicht zum Vermögen des Vermittlers, und dessen Konkursgläubiger haben kein Anrecht auf sie. Denn der Vermittler steht ja dem ganzen, mit dem Dritten geschlossenen Geschäfte materiell fremd gegenüber. Es ist nicht sein Vermögen, über das er verfügt, das er einem Risiko aussetzt, sondern der Interessent allein trägt die Gefahr.[2]) Und ferner, wenn der Vermittler das von dem Drittkontrahenten Geschuldete in Empfang nimmt, so will er hiermit nicht sein eigenes Vermögen vermehren, sondern als bloße Durchgangsperson das Erlangte dem Interessenten herausgeben.

Diesen Willen durchkreuzt das Gesetz im Falle seines Konkurses. Gestützt auf die formelle Rechtslage, nach welcher der Anspruch gegen den Dritten dem Vermittler zusteht, also zu dessen Vermögen gehört, läßt es das von dem Dritten Geschuldete den Konkursgläubigern als unverhoffte Beute in den Schoß fallen.

Der Interessent wird hierdurch um seine gute Forderung gebracht und erhält nur eine magere Konkursdividende, obwohl sein wahrer Schuldner, der Dritte, der allein die Leistung bewirken sollte und regelmäßig allein hierzu imstande ist, vollständig leistungsfähig geblieben ist.

2. Ebenso wird beim Konkurse des Vermittlers Recht zu Unrecht in dem Falle, daß der Dritte seinerseits noch nicht befriedigt ist und die Forderung gegen den Interessenten noch aussteht.

Jetzt wird diese Forderung zur Konkursmasse eingezogen und der Dritte erhält lediglich eine Dividende, obwohl, müssen wir auch hier hinzufügen, derjenige, der allein leisten sollte und regelmäßig allein hierzu in der Lage ist (der Interessent), leistungsfähig geblieben ist. Ebenso wie im Falle 1 sind die Konkursgläubiger

[2]) Ebenso Grünhut, das Recht des Kommissionshandels S. 335 f.

des Vermittlers ungerechtfertigt bereichert auf Kosten des wahren Gläubigers, also hier des Dritten.

Dieses unbillige Ergebnis würde wiederum wie alle vorhergehenden vermieden durch die grundsätzliche Änderung des Rechtes dahin, daß Interessent und Dritter unmittelbar gegeneinander berechtigt und verpflichtet würden.

Wenn aber das Recht nur bei dieser Beschaffenheit den Interessen der materiell Beteiligten gerecht werden *kann*, so *muß* es, seiner Mission entsprechend, auch so geartet sein.

Alle unsere bisherigen Betrachtungen verdichten sich zu der *einen übereinstimmenden* Forderung: bei der mittelbaren Stellvertretung müssen ebenso wie bei der unmittelbaren *direkte Rechtsbeziehungen zwischen dem Dritten und dem Interessenten* geschaffen werden.

III. Rechtsgestaltung im einzelnen.

§ 5.

Die Betrachtung der jeder mittelbaren Stellvertretung zu Grunde liegenden Interessen hat uns gelehrt, wie ein Recht in den Grundzügen beschaffen sein muß, das der Sachlage entsprechen will.

Wenn wir nunmehr im nachfolgenden versuchen, aus den gefundenen Prinzipien die Folgerungen zu ziehen und auf der neuen Rechtsgrundlage die einzelnen Rechtssätze aufzubauen, so ist der Zweck dieser Versuche, für den zweiten Teil der Arbeit Material zur Vergleichung zu sammeln.

Dort liegt mir der Nachweis ob, daß die im ersten Abschnitt gefundenen Rechtsprinzipien bereits dem römischen Rechte, einzelnen Partien unseres geltenden Rechts und verschiedenen ausländischen Rechten mehr oder minder vollständig zu eigen sind. Jedoch ist zu berücksichtigen, daß die zur Vergleichung stehenden positiven Rechte nicht die Prinzipien selbst erkennen lassen, sondern nur eine Reihe von Rechtssätzen ausgebildet haben, die Folgerungen aus den Prinzipien sind.

Wollen wir eine Parallele ziehen, so müssen wir zuvor auch unsererseits die Folgerungen aus unseren Prinzipien entwickeln, um dann diese Folgerungen mit den einzelnen positiven Rechtssätzen zusammenzuhalten.

I. Um hierbei festen Boden unter den Füßen zu haben, wollen wir noch einmal unsere eigenen Rechtsfundamente einer Prüfung unterziehen, um festzustellen, wann und inwieweit die unmittelbare Berechtigung und Verpflichtung des Interessenten und des Dritten gegeneinander eintreten soll.

Wir betrachten zunächst die Verpflichtung des Interessenten gegen den Dritten.

Sie findet ihre Rechtfertigung darin, daß der Interessent Auftrag zu dem Eingriff in die Vermögenssphäre des Dritten gegeben hat, bezw. darin, daß er diesen Eingriff genehmigt hat.

Danach ist der Interessent, wenn er Auftrag zur Vermittlung erteilt hat, verhaftet, soweit sein Auftrag reicht, oder richtiger, soweit sein Auftrag ausgeführt ist.

Der Auftrag hat insofern dieselbe Funktion, wie die Vollmacht bei der unmittelbaren Vertretung.[1])

Liegt ein Auftrag nicht vor, so ist der Interessent dem Dritten verhaftet, soweit er dies nach den Grundsätzen der auftraglosen Geschäftsführung dem Vermittler ist, also namentlich, sobald er die Geschäftsführung des Vermittlers genehmigt. Danach bleibt der Umfang der Haftung des Interessenten naturgemäß genau derselbe, wie nach der herrschenden Lehre.

Die Änderung besteht nur darin, daß er jetzt auf Grund seines Auftrags, bezw. seiner Genehmigung nicht nur wie bisher dem Vermittler haften soll, sondern auch unmittelbar dem Dritten, mit dem dieser kontrahiert hat.

Ebensoweit wie seine Verpflichtung reicht auch die unmittelbare Berechtigung des Interessenten. Wo er durch das Vorgehen des Vermittlers gebunden ist, muß er auch berechtigt werden.

II. Eigenartig ist die Stellung, die beim konsequenten Ausbau unserer Prinzipien dem Vermittler zufällt. Für ihn scheint auf den ersten Blick überhaupt kein Raum mehr zu sein, weil Interessent und Dritter unmittelbar in Rechtsbeziehung treten.

Es sind ihm aber wichtige Funktionen vorbehalten:

1. Zunächst ist zu erwägen, daß der Vermittler den Außen-

---

[1]) Ebenso das röm. Recht, vgl. unten § 6 Nr. 3.

vertrag auf seinen Namen, auf seinen Kredit gestellt hat. Es kann also keinem Zweifel unterliegen, daß er dem Dritten haften muß.

Diese Haftung ist um so weniger zu umgehen, als der Dritte in vielen Fällen gar nicht weiß, daß für fremde Rechnung kontrahiert ist. Der Vermittler muß also mit dem Interessenten zusammen auch dem Dritten verpflichtet sein.

Nun liegt es nahe anzunehmen, daß diese Mitverpflichtung eine Gesamthaftung gemäß § 427 BGB. sei, da beide Teile sich durch denselben Vertrag zu der gleichen Leistung verpflichtet haben. [2]) Ich glaube aber, man muß den Gedanken an eine Gesamtschuld zurückweisen, wenn man die Verhältnisse schärfer ins Auge faßt. Würden wir eine Gesamtschuld zu Grunde legen, so würden wir in wichtigen Punkten nicht das erreichen, was wir als rechtliche Notwendigkeit erkannt haben. Wir wollen aber hier, wo uns unmittelbar praktische Zwecke de lege ferenda fernliegen, unsere Prinzipien bis in die feinsten Differenzierungen hinein entwickeln, unbekümmert darum, ob ein Gesetzgeber gut täte, uns soweit zu folgen.

Wir haben oben die Forderung aufgestellt, daß die Person, die persönlichen Verhältnisse und das Verhalten des Interessenten entscheidenden Einfluß auf den Bestand und Inhalt des Außenvertrages ausüben sollen. So soll z. B. eine Haftungs*steigerung* im Falle eines Verschuldens des Interessenten eintreten, eine Haftungs*befreiung* infolge seines Unvermögens zur Leistung oder auf Grund seines Irrtums (im Wege der Anfechtung).

Würde man nun aber ein Gesamtschuldverhältnis annehmen,

---

[2]) Eine solche Gesamthaftung nimmt in der Tat das *römische* Recht an, vgl. unten § 6 Nr. 1, ferner das *englische* Recht, vgl. unten § 58 a. E.

Auch von dem *deutschen* Reichszwangsversteigerungsgesetze vom 24. März 1897 in der Fassung vom 20. Mai 1898 ist der Gedanke der Gesamthaftung aufgenommen.

§ 81 dieses Gesetzes statuiert für einen Fall mittelbarer Stellvertretung eine Gesamthaftung des Vermittlers (= des Meistbietenden) und des Interessenten (= des Erstehers).

so würde eine solche Haftungsverschärfung und Haftungsbefreiung nur in der Person des Interessenten selbst eintreten (§ 425 BGB.). Das widerspricht aber den Interessen der beiden materiell Beteiligten, des Interessenten und des Dritten.

Insbesondere würde dem Interessenten seine Haftungsbefreiung nichts nützen, wenn nicht gleichzeitig auch der Vermittler befreit wird. Denn der Interessent ist ja gehalten, dem Vermittler alles zu ersetzen, was dieser für ihn aufwenden mußte. In der Tat haftet er also indirekt genau so weit, als der Vermittler selbst gebunden ist. Soll daher der Interessent tatsächlich von seiner Verbindlichkeit infolge eines haftungsbefreienden Umstandes entbunden werden, so muß auch die Verpflichtung des Vermittlers gelöst werden. Sonst ist die Haftungsbefreiung des Interessenten illusorisch.

Andererseits verlangt das Interesse des Drittkontrahenten, daß infolge eines haftungssteigernden Verhaltens des Interessenten, auch die Verbindlichkeit des Vermittlers verschärft wird, daß insbesondere der Vermittler dafür einstehen muß, wenn der Interessent schuldhaft die Erfüllung vereitelt oder verzögert. Der Drittkontrahent darf nicht gezwungen werden, dem Interessenten nachzulaufen, um sich an ihn zu halten. Denn der Vermittler, der das Geschäft auf seinen Namen, also auf seinen Kredit gestellt hat, muß dafür einstehen, daß der Drittkontrahent nicht durch das vertragswidrige Verhalten seines dem Dritten meist unbekannten Hintermannes geschädigt wird.

Alles in allem genommen erhellt, daß die Annahme eines Gesamtschuldverhältnisses der Interessenlage nicht Genüge tut.

Die rechtliche Situation verlangt vielmehr, daß der Interessent als Hauptschuldner dem Drittkontrahenten gegenüber steht, und daß neben ihm der Vermittler als ein akzessorisch Verpflichteter haftet.[3])

Erst mit einer solchen Ausgestaltung der beiderseitigen Schuld-

---

[3]) Das Seeversicherungsrecht weist nur an einer Stelle einen Ansatz zu dieser akzessorischen Mithaftung auf. Gründe hierfür unten § 11 II, 1.

verhältnisse erreichen wir, was wir suchen, nämlich, daß in der Tat Bestand und Umfang der Haftung des Vermittlers sich ganz nach den persönlichen Verhältnissen und dem Verhalten des Interessenten richtet.

Zu bemerken ist aber, daß der Vermittler nicht etwa nur subsidiär haftet. Seine Verpflichtung ist eine primäre, wie dies ohne weiteres daraus folgt, daß er sie auf seinen Namen gestellt hat.

2. a) Wir haben gesehen, daß der Vermittler für ein Verschulden des Interessenten einsteht. Haftet nun auch umgekehrt der Interessent für das Verhalten des Vermittlers?

Ich meine, man muß diese Frage unbedingt verneinen. Denn der Interessent steht dem Vermittler nicht näher als der Dritte. Insbesondere hat nicht, wie bei der unmittelbaren Stellvertretung, der Dritte im Vertrauen auf den Vertretenen, den Interessenten, mit dem Stellvertreter kontrahiert. Er hat vielmehr lediglich dem Vermittler Kredit geschenkt. Versäumt der Vermittler etwas, so mag der Dritte sich an diesen halten.

Die wichtigste Folgerung hieraus ist, daß der Interessent sich von seiner Haftung gegenüber dem Dritten befreit, wenn er an den mittelbaren Stellvertreter, den berufenen Vermittler zwischen den beiden materiell Vertragsbeteiligten, leistet.[4]) Dem Interessenten fällt es nicht zur Last, wenn der Vermittler etwa das Empfangene unterschlägt.

b) Ebensowenig wie der Interessent gegenüber dem Dritten hat dieser gegenüber dem Interessenten ein Verschulden des Vermittlers zu vertreten. Das folgt gleichfalls aus dem oben festgestellten Satze, daß jeder von ihnen in gleicher Weise ohne Rücksicht auf den anderen sich mit dem Vermittler eingelassen und ihm Vertrauen geschenkt hat.

Wenn also durch das Verhalten des Vermittlers — z. B. dadurch, daß dieser gewisse Erklärungen unterlassen hat — ein

---

[4]) Ebenso im Seeversicherungsrecht. HGB. § 812 Abs. 3. Vgl. unten § 11, II, 2.)

Recht verscherzt ist, so muß dies der Interessent gegen sich gelten lassen.

Der Drittkontrahent darf nicht deshalb schärfer haften, weil für fremde Rechnung kontrahiert ist.

Das Ergebnis von a) und b) ist, daß jeder der beiden Hauptvertragsbeteiligten es gegen sich gelten lassen muß, wenn seine Rechte durch das Verhalten des Vermittlers verkürzt werden. Hingegen — und das ist ja dasselbe, nur von einer anderen Seite betrachtet — kann durch das Verhalten des Vermittlers die Haftung der beiden nicht erweitert oder erschwert werden.

3. Wir kehren nach dieser Abschweifung noch einmal zu der Verpflichtung des Vermittlers zurück. Denn es gilt, noch eine Schwierigkeit zu lösen, die erst jetzt recht hervorgetreten ist.

Wir haben in dem Vorhergehenden gesehen, daß der Interessent nicht haftet, wenn der Vermittler nicht auftraggemäß gehandelt hat, oder wenn dieser durch Verschulden die Erfüllung seitens des Interessenten vereitelt. Kurz, es gibt eine Reihe von Fällen, in denen der Interessent nicht haftet. Da wir nun aber zu dem Schlusse gekommen sind, daß der Vermittler nur akzessorisch haftet, so würde in allen diesen Fällen auch die Verpflichtung des Vermittlers aussetzen. Der Dritte hätte dann niemand, an den er sich halten könnte.

Dieses Resultat bedarf natürlich der Ergänzung.

Und diese Ergänzung können wir dem Rechte der unmittelbaren Stellvertretung entnehmen, das den gleichen Fall geregelt hat in § 179 BGB. Dieser sagt: „Wer als Vertreter einen Vertrag geschlossen hat, ist, sofern er nicht seine Vertretungsmacht nachweist, dem anderen Teil nach dessen Wahl zur Erfüllung oder zum Schadensersatz verpflichtet, wenn der Vertretene die Genehmigung des Vertrages verweigert."

Dieser Norm können wir das für die mittelbare Stellvertretung maßgebende Prinzip entnehmen. Jedoch müssen wir dabei selbstverständlich den dem Dritten nach § 179 Abs. 1 cit. alternativ ein=

geräumten Schadensersatzanspruch als nicht passend ausschalten, weil der Drittkontrahent überhaupt nur mit einem Anspruch gegen den Vermittler rechnet.

Wenn wir dies berücksichtigen und eine möglichst allgemeine Fassung wählen, so lautet das dem § 179 Abs. 1 cit. entnommene Prinzip etwa dahin:

Der Stellvertreter verpflichtet sich überall da selbst als Hauptschuldner, wo infolge eines Umstandes, den er zu vertreten hat, der Interessent nicht haftet.[5])

Der Vermittler haftet also z. B. dann prinzipaliter, wenn er ohne Auftrag oder nicht auftragsgemäß gehandelt hat, oder wenn infolge eines von ihm zu vertretenden Umstandes der Auftrag nicht rechtswirksam ist. Ein Fall dieser Art ist, wenn etwa der Interessent, wie Vermittler weiß, minderjährig ist und ohne Zustimmung seines gesetzlichen Vertreters gehandelt hat, oder wenn der Auftrag infolge eines Dolus des Vermittlers unwirksam ist.

Alle diese Umstände hat der Vermittler zu vertreten und überall tritt die prinzipale Haftung des Vermittlers als Ersatz für die fehlende Verpflichtung des Interessenten ein.

Erst mit der Heranziehung dieser Grundsätze ist der Kreis der dem Drittkontrahenten gegenüber bestehenden Verpflichtungen angeschlossen. Erst jetzt ist der Dritte so gestellt, wie jeder andere Kontrahent. Denn der Vermittler haftet ihm genau so, als wenn er für eigene Rechnung abgeschlossen hätte, nur, daß über das Eintreten von Schuldbefreiungsgründen usw. nicht die persönlichen Verhältnisse des Vermittlers entscheiden, sondern die des Interessenten.

Der Dritte ist aber insofern vor anderen Kontrahenten sogar im Vorteile, als ihm aus dem Vertrage regelmäßig zwei Schuldner erstehen, der Interessent und der Vermittler.

4. Der Mitverpflichtung des Vermittlers steht eine Mit-

---

[5]) Ebenso im Seeversicherungsrecht. Vgl. §§ 781 Abs. 3, 782 Abs. 4 HGB., unten § 11, II, 3.

berechtigung nicht gegenüber. Er erwirbt keinerlei eigene Rechte gegenüber dem Dritten aus dem Außenvertrage. Hierzu ist neben der unmittelbaren Berechtigung des Interessenten kein Raum. Gleichwohl fällt dem Vermittler auch hier eine wichtige Rolle zu: er ist ermächtigt, alle Rechte für den Interessenten geltend zu machen und die Leistung für ihn in Empfang zu nehmen.[6])

Diese Befugnis des Vermittlers ist durch das Interesse aller Beteiligten gefordert:

a) Auf der einen Seite muß der Dritte eine solche Legitimation verlangen. Er weiß in vielen Fällen nicht, daß sein Vertragsgegner für fremde Rechnung gehandelt, also einen anderen berechtigt hat. Soll der Dritte nicht hiervon Nachteil haben, so muß eine Leistung, die er dem Vermittler macht, unmittelbar schuldbefreiend wirken. Sie muß als unmittelbar an den Interessenten erfolgt gelten.

Ebenso muß aus dem gleichen Grunde der Vermittler ermächtigt sein, alles andere, insbesondere Erklärungen für den Interessenten in Empfang zu nehmen.

b) α) Andererseits wird auch der Interessent eine solche Legitimation des Vermittlers wünschen. Denn wie wir zu Eingang dieser Arbeit gesehen haben, ist gerade die einfache, einer besonderen Vollmacht nicht bedürfende Legitimation des Vermittlers ein Hauptanlaß für den Interessenten, der mittelbaren Stellvertretung vor der unmittelbaren den Vorzug zu geben.

β) Auch der Wunsch des Interessenten, mit seiner Person im Dunkeln zu bleiben, der bisweilen für die Wahl mittelbarer Stellvertretung mitbestimmend ist, kann nur erfüllt werden, wenn der Vermittler ohne weiteres für den Interessenten alle Rechte geltend machen darf.

c) Schließlich liegt diese Rechtsgestaltung auch im Interesse des

---

[6]) Ebenso im Rechte der Seeversicherung. Vgl. unten § 11, I, 1. Auch das Recht des Kommissionsgeschäftes führt zu der gleichen Konsequenz. Vgl. unten § 8.

Vermittlers, den seine Legitimation instandsetzt, etwaige ihm zustehende Vorzugs- und Pfandrechte wie beispielsweise das gesetzliche Pfand- und Vorzugsrecht des Kommissionärs (§§ 397, 399 HGB.) zu wahren.

Der Vermittler kann nun die Rechte des Interessenten sowohl in dessen, wie auch — und das ist die Regel — im eigenen Namen wahrnehmen. Die letztere Möglichkeit, fremde Rechte in eigenem Namen geltend zu machen, erscheint vielleicht zunächst als Anomalie. Sie ist aber nicht ohne Vorgang.

So ist z. B. der Überbringer einer Quittung in der gleichen Lage (vgl. § 370 BGB.). Seine Rolle deckt sich sogar genau mit der des Vermittlers, denn er kann sowohl in eigenem, wie im Namen des Quittungsausstellers auftreten.

Er ist wie Cosack sagt, sowohl Verfüger wie Vertreter.[7])

Man erinnere sich ferner, daß der Indossatar eines versteckten Inkassogiros, der sog. Inkassomandatar, ebenfalls fremde Rechte in eigenem Namen wahrnimmt, d. h. wenn man mit der in der Theorie vorherrschenden Auffassung die von ihm geltend gemachten Rechte als ihm fremde erachtet. (Näheres hierüber siehe unten § 8.)

Auf prozessualem Gebiet endlich findet sich ein Analogon in der Prozeßstandschaft Kohlers.[8])

Die weiteren Beziehungen, die aus der Legitimation hervorgehen, sollen, um Wiederholungen zu vermeiden, hier nicht im einzelnen untersucht werden. Das Seeversicherungsrecht gibt uns weiter unten § 11, I, 1 Gelegenheit, auf Interessierendes kurz einzugehen.

III. Hingegen müssen an dieser Stelle Forderungen erfüllt

---

[7]) Cosack, Lehrbuch des deutsch. b. Rs. § 67 I,4 gegen Biermann (Gießener Festgabe für Dernburg S. 93), der in dem Überbringer einer Quittung nur einen Verfüger und keinen Vertreter sieht. Vgl. auch Zitelmann, Das Recht des BGB. Allgem. Teil S. 122 Nr. 4.

[8]) Vgl. über sie Kohler in Iherings Jahrb. 24 S. 319 ff. und in Buschs Zeitschrift Bd. 12 S. 102 ff.

werden, die wir oben § 2 I, 2 und II an ein der Interessenlage entsprechendes Vermittlungsrecht gestellt haben.

Wir haben gesehen, daß das geltende Vermittlungsrecht zum Nachteil des Dritten im Gegensatze zu dem ganzen übrigen Rechte es nicht berücksichtigt, wenn dem Interessenten gewisse erhebliche Umstände bekannt sind oder bekannt sein mußten. Und diese Lücke in unserem Gesetz ist um so fühlbarer, als gerade der Interessent als der materiell Beteiligte in vielen Dingen besser Bescheid wissen wird, als der mit den Verhältnissen unbekannte Vermittler.

Und auf der anderen Seite — sahen wir — fügt das geltende Recht dasselbe Unrecht dem Interessenten zu, indem es zu seinem Nachteile ebensowenig beachtet, daß er gewisse Umstände nicht kannte, daß er bei der Auftragserteilung oder Genehmigung im Irrtum war.

Nun, ich glaube, wir dürfen auch hier wieder auf die Prinzipien zurückgreifen, die das Gesetz für die unmittelbare Stellvertretung aufgestellt hat. Denn für diese Fragen ist die rechtliche Situation die gleiche wie dort. Die maßgebenden Grundsätze finden wir im § 166 BGB.[9]) Schwierigkeiten können aus der analogen Verwertung der dort niedergelegten Sätze, soviel ich sehe, nicht wohl erwachsen,[10]) wenigstens keine anderen, als die, welche sich schon bei ihrer unmittelbaren Anwendung ergeben. Deshalb wollen wir uns nicht auf Einzelheiten einlassen.

---

[9]) § 166 sagt: Soweit die rechtlichen Folgen einer Willenserklärung durch Willensmängel oder durch die Kenntnis oder das Kennenmüssen gewisser Umstände beeinflußt werden, kommt nicht die Person des Vertretenen, sondern die des Vertreters in Betracht.

Hat im Falle einer durch Rechtsgeschäft erteilten Vertretungsmacht (Vollmacht) [bei der mittelbaren Stellvertretung = Auftrag] der Vertreter nach bestimmten Weisungen des Vollmachtgebers [Auftraggebers] gehandelt, so kann sich dieser in Ansehung solcher Umstände, die er selbst kannte, nicht auf die Unkenntnis des Vertreters berufen. Dasselbe gilt von Umständen, die der Vollmachtgeber [Auftraggeber] kennen mußte, sofern das Kennenmüssen der Kenntnis gleichsteht.

[10]) Vgl. die erläuternden Zusätze zum Gesetzestext in der vorigen Note.

Hingegen möchte ich ganz allgemein bemerken, daß die Grundsätze des § 166 cit. insofern nicht zu befriedigen scheinen — und das gilt ebenso für die mittelbare wie für die unmittelbare Stellvertretung —, als sie die Person des Stellvertreters zu ausschließlich berücksichtigen. Demgegenüber erscheint mir die unten § 11, II, 1 dargestellte Lösung, die das Seeversicherungsrecht den gleichen Fragen zu Teil werden läßt, trotz prinzipieller Ähnlichkeit seiner und der Interessenlage besser entsprechend.

IV. Damit über den vielen, in diesem Abschnitt verhandelten Einzelheiten der Überblick nicht verloren geht, sei es zum Schluß gestattet, die wichtigsten Ergebnisse in die nachfolgenden kurzen Sätze zusammenzufassen:

1. Der Dritte und der Interessent werden aus dem Außenvertrage unmittelbar gegeneinander verpflichtet und berechtigt.

2. Die Grundsätze des § 166 BGB. finden analoge Anwendung.

3. Neben dem Interessenten haftet dem Dritten akzessorisch der Vermittler.

Seine Verpflichtung wird zur prinzipiellen, wenn infolge eines Umstandes, den er zu vertreten hat, der Interessent nicht haftet.

4. Der Interessent wird durch Leistung an den Vermittler von seiner Schuld gegenüber dem Dritten befreit. Vgl. hierzu die nachfolgende Nr. 6 Abs. 2.

5. Der Vermittler ist ohne weiteres durch den Vertragsschluß legitimiert, auf den Außenvertrag bezügliche Leistungen und Erklärungen für den Interessenten in Empfang zu nehmen.

Er ist hinsichtlich der dem Interessenten erworbenen Rechte zugleich Verfüger und Vertreter.

6. Interessent und Dritter stehen einander nicht für ein Verschulden des Vermittlers ein. Infolgedessen muß jeder von ihnen ein Verschulden nur insoweit gegen sich gelten lassen, als sein aus dem Außenvertrage erworbenes Recht davon berührt wird.

Hingegen kann die Verpflichtung, die sie gegeneinander

haben, durch ein Verschulden des Interessenten nicht verschärft und erweitert werden.

In dieser Zusammenstellung sind die einzelnen Sätze so gruppiert worden, daß ersichtlich wird, worin mittelbare und unmittelbare Stellvertretung miteinander übereinstimmen (Nr. 1 u. 2) und was sie trennt (Nr. 3—6).

Danach ist eine Annäherung an die Grundsätze der „Vertretung" wohl wahrnehmbar, aber es bleiben, wie dies ja in der Natur der Sache begründet ist, tiefgehende Unterschiede bestehen, weil dem Vermittler, der das Geschäft auf seinen Namen stellt, notwendigerweise eine bedeutsamere Rolle zufallen muß als dem Vertreter, der bloß Durchgangsperson ist.

Die praktisch am meisten eingreifende Differenz ist in Satz 3 enthalten, der die Mithaftung der mittelbaren Stellvertreter ausspricht.

Dieses Moment gibt uns deshalb das für die Praxis wichtigste Erkennungszeichen der mittelbaren Stellvertretung. Nur wo die Kontrahenten eine Mitverpflichtung des Stellvertreters gewollt haben — was übrigens im Zweifel anzunehmen ist —, ist rückschließend eine mittelbare Stellvertretung festzustellen.

Dieses Unterscheidungsmerkmal ist zuverlässiger als das, ob der Vertreter im eigenen oder im fremden Namen gehandelt hat. Hierüber lassen auch geschäftsgewandte Parteien nicht selten im Zweifel. [11])

V. Die im vorhergehenden versuchte Entwicklung der neuen Rechtsprinzipien im einzelnen könnte nun leicht den Leser mehr gegen sie einnehmen als ihn gewinnen.

Erscheint doch das an die Stelle der herrschenden Lehre gesetzte verwickelter zu sein als diese, was einer häufigen Beobachtung widerspricht: daß die Wissenschaft mit zunehmender Erkenntnis sich in den Grundsätzen vereinfacht.

---

[11]) Gegen das unsichere Unterscheidungsmerkmal des „Im-fremden-Namen-handelns" deshalb auch Schloßmann I S. 115 ff.

Ist es aber nicht auch eine wesentliche Vereinfachung, wenn an die Stelle eines ungeregelten, von Ausnahmen zerrissenen Zustandes feste Regeln, an die Stelle unerklärlicher Verstöße gegen andere Rechtsgrundsätze, ja gegen alle Logik und Systematik volle Harmonie tritt?

Man wird mir ferner den gewichtigeren Einwand entgegenhalten, daß die entwickelte Rechtsgestaltung sich nicht für die Praxis des Lebens eigne, das durchsichtige Verhältnisse verlange.

Wenn nun auch diese Arbeit nicht für unmittelbar praktische Zwecke geschrieben ist, sondern in erster Linie dem Verständnis auffallender Erscheinungen des geltenden Rechts dienen will, so muß sie doch diesem Vorwurf begegnen. Denn gerade von meinem Standpunkt aus ist eine unpraktische Theorie regelmäßig auch eine unrichtige.

Diesen Vorwurf wird nun entkräften, daß ich, worauf ich schon in den Noten aufmerksam gemacht habe, fast Schritt für Schritt in dem Seeversicherungsrecht ein Recht auf meiner Seite habe, das wie kein anderes unmittelbar aus der Praxis hervorgegangen ist und unbeeinflußt durch doktrinäre Meinungen nur für die Praxis geschaffen ist.[12])

Überhaupt ist zu bedenken, daß Kompliziertheit eines Rechts, so sehr sie selbstverständlich nach Möglichkeit zu vermeiden ist, noch kein Fehler ist. Die Forderung, das Recht auch dem Verständnis des Laien überall zugänglich zu machen, ist eine utopistische, und der Richter, der selbst geschäftsgewandten Laien gegenüber von der Annahme ausgehen würde, daß ihnen bei ihren Handlungen das positive Recht bekannt gewesen sei, würde in vielen Fällen zum Schaden der Rechtspflege sich mit den Tatsachen in Widerspruch setzen.[13])

---

[12]) Auch das englische Stellvertretungsrecht stimmt nahezu in allen Einzelheiten mit der hier vorgeschlagenen Regelung überein, vgl. unten § 8 a. E. S. 56ff.

[13]) Auf dem 14. Deutschen Juristentage wurde festgestellt (Verhandl. I, 2, S. 68), daß selbst der so einschneidende Satz, welcher für die Übertragung des Eigentums an Mobilien die Tradition fordert, allgemein unbekannt ist.

Notwendig ist vielmehr nur, daß das Recht überall der Interessenlage entspricht. Dann mag es so kompliziert sein wie es will, der Laie wird auch ohne Kenntnis des positiven Rechts, falls er nur der Interessenlage entsprechend handelt, stets das Recht auf seiner Seite haben.

Man darf deshalb keinen Vorwurf gegen die Kompliziertheit eines Rechtes erheben, wenn wie hier, wo drei Personen miteinander in Beziehung treten, die verwickelte Interessenlage sie nicht vermeiden läßt.

IV. Nachweis der in Abschnitt II u. III entwickelten Prinzipien im positiven Recht.

A. Im römischen Recht.

§ 6.

Infolge der kasuistischen Natur des von den Römern überlieferten Rechtsstoffes finden wir an keiner Stelle eine grundsätzliche Anerkennung der unmittelbaren Wirkung indirekter Stellvertretung ausgesprochen.

Allein eine dahingehende Tendenz läßt sich mit Sicherheit aus zahlreichen Einzelentscheidungen nachweisen, so daß wir das römische Recht wohl als eine Bestätigung der im vorhergehenden Teil aufgestellten Prinzipien in Anspruch nehmen dürfen.

Ich erinnere, ohne in das teilweise umstrittene, in diesem Zusammenhange nicht interessierende Detail einzutreten, nur an folgende bekannte Erscheinungen:

1. Der institor und der magister navis verpflichten nicht nur sich selbst, sondern auch den Prinzipal. Ebenso haftet dieser unmittelbar in allen Fällen der actio quasi institoria.[1]) Ver-

[1]) Hier ist bekanntlich streitig, ob der Prinzipal nur verpflichtet wird, wenn der Vertreter mit offener Vollmacht handelt (so Mitteis, Lehre von der Stellvertretung, Wien 1885 S. 26 ff. und die herrschende Meinung) oder ob er auch bei verdeckter Vollmacht haftet. (So namentlich Schloßmann, „Kontrahieren mit off. Vollmacht" und „Lehre von der Stellvertretung" I S. 171 ff.)

Mir scheint durch unsere bisherige Untersuchung nachgewiesen zu sein, daß innere Gründe für die Ansicht Schloßmanns sprechen und daß sich auf

mittler und Prinzipal sind hierbei überall solidarisch verpflichtet. §§ 1 u. 2 I. quod cum eo 4, 7, l. 5 § 1. D. de exerc. a. 14, 1.

2. Auch für die unmittelbare Berechtigung des Vertretenen finden sich bereits deutliche Ansätze:

a) Ganz allgemein wird aus prätorischen Stipulationen des Vermittlers dem Vertretenen eine actio utilis gegeben. — Schloßmann a. a. O. II S. 221. — l. 5 D. de stip. praet. 46, 5 (Paulus): In omnibus praetoriis stipulationibus hoc servandum est, ut, si procurator meus stipuletur, mihi causa cognita ex ea stipulatione actio competat. idem est et cum institor in ea causa esse coepit, ut interposita persona eius dominus mercis rem amissurus sit, veluti bonis eius venditis: succurrere enim domino praetor debet.

Weiter wird die unmittelbare Klageberechtigung des Vertretenen schlechthin anerkannt, „si modo aliter rem suam servare non potest" (l. 1 u. 2 D. de inst. act. 14, 3), ferner insbesondere für den wichtigen Fall des Konkurses des Institors l. 5 D. de stip. praet. 46, 5 s. oben zu a) Vgl. ROHG. in S.A. Bd. 28 Nr. 174.

b) Allgemein wird in den römischen Quellen dem Ersatzanspruch des Vermittlers das Interesse des Interessenten zugrunde gelegt. Die römischen Juristen haben sich allerdings, weil eine systematische Durchbildung des Stellvertretungsrechtes fehlte, diesen Vorgang nicht erklären können. Und wenn Ulpian (l. 8 § 3 D. mand. 17, 1) sagt:

Si quis mandaverit alicui gerenda negotia eius, qui ipse sibi mandaverat, habebit mandati actionem, quia et ipse tenetur (tenetur autem, quia agere potest), so ist diese offenbare Verlegenheitswendung uns nach unseren Feststellungen zu § 3 oben nur allzu erklärlich.

---

die Frage seiner Gegner (Dernburg Band II § 13 Anm. 13): „Wie kommt (der Dritte) dazu, hinterher einen anderen (den Prinzipal) in Anspruch zu nehmen, auf dessen Mithaftung er beim Kontraktschluß nicht reflektierte?" wohl eine befriedigende Antwort geben läßt. Vgl. auch Jhering in s. Jahrb. I S. 338.

3. Eine weitere Übereinstimmung mit unseren Resultaten (vgl. § 5, I oben) finden wir, wenn wir mit Schloßmann (II. S. 240 ff.) annehmen, daß im römischen Rechte direkte Wirkungen nur dann eintreten, wenn der Vertreter auftragsgemäß gehandelt hat.

l. 13 § 25 D. de act. empti vend. 19, 1 (Ulpianus):

Si procurator vendiderit et caverit emptori, quaeritur, an domino vel adversus dominum actio dari debeat. et Papinianus libro tertio responsorum putat cum domino ex empto agi posse utili actione ad exemplum institoriae actionis, si modo rem vendendam mandavit: ergo et per contrarium dicendum est utilem ex empto actionem domino competere.

Weitere Nachweise bei Schloßmann a. a. O.

4. Schließlich bietet das römische Recht noch in manchen Einzelheiten eine Bestätigung unserer Theorie, namentlich insofern, als es überall die Person des Vertretenen, seine Kenntnis berücksichtigt.

So hat z. B. bei einem Verkaufe der Vermittler keinen Redhibitionsanspruch, wenn dem Interessenten der Mangel der Kaufsache bekannt war, auch wenn der Vermittler hierüber in Unkenntnis war.

l. 13 D. de contr. empt. 18, 1 (Pomponius):

Sed si servo meo vel ei cui mandavero vendas sciens fugitivum illo ignorante, me sciente, non teneri te ex empto verum est.

Alles in allem genommen, gewinnen wir bereits aus dieser kurzen Übersicht den Eindruck weitgehender Annäherung des römischen Rechts an die aus der Interessenlage abgeleiteten Sätze.

Dieses festzustellen, genügt. Wir wenden uns jetzt dem Rechte der Gegenwart zu, das uns recht eigentlich auf den Kampfplatz stellt, und wir werden sehen, daß auf der ganzen Linie allmählich das nicht bodenständige Recht der herrschenden Doktrin niedergerungen wird von dem nüchternen Rechte der Interessen.

B. Im gemeinen und im geltenden bürgerlichen Rechte.

§ 7.

Eine a priori schaffende, von den Realitäten des Lebens sich abwendende Lehre hat das gemeine Recht der mittelbaren Stellvertretung wieder hinter die von den römischen Juristen angebahnte Rechtsentwicklung zurückgedrängt.

Zum Prinzip wurde erhoben, daß überall nur für sich selbst Rechtswirkungen hervorrufe, wer im eigenen Namen kontrahiere.

Mit diesem Grundsatz, der einfach als logische Notwendigkeit hingenommen wurde, obschon er meines Wissens sich von keinem festen Obersatze ableiten läßt,[1]) gelangt das gemeine Recht zu einer dogmatisch einfachen und gereinigten Stellvertretungslehre. Allgemein war die Überzeugung, daß hier sogar ein Fortschritt gegenüber dem römischen Rechte erreicht sei. Denn der eigentümliche Mischzustand, in welchem die römische mittelbare Stellvertretung unmittelbare Wirkungen hervorbrachte, erschien lediglich als ein Notbehelf, hervorgegangen aus dem Mangel einer unmittelbaren Stellvertretung.[2])

So ist es erklärlich, daß die Lehre des gemeinen Rechts, deren Korrektheit niemand bezweifelte, auch unter der Herrschaft des BGBs. festgehalten wurde, und es ist lediglich ein Niederschlag der allgemeinen Überzeugung, wenn es in den Motiven zu dem Entwurfe eines BGB. I S. 223f. heißt:

„Die sogenannte mittelbare Stellvertretung ist juristisch betrachtet

---

[1]) Schon der einfache Satz, daß aus Verträgen Rechte und Pflichten hervorgehen, ist keine logische Notwendigkeit, die etwa aus dem Wesen des Vertrages herzuleiten wäre, sondern er ist eine politische und, wenn man will, eine moralische Notwendigkeit, gegründet auf die Erwägung, daß ohne Vertragstreue ein Zusammenleben- und wirken der Menschen nicht wohl gedacht werden kann.

[2]) Vgl. RG. 2. Oktober 1880 Bd. 2 S. 166f.; Grünhut, Kommissionshandel S. 333 Note 13; Laband bei G.-Z. Bd. 10 S. 196; Ihering (in seinem Jahrb. I S. 322) erklärt es sogar „in legislativer Hinsicht für höchst verkehrt," wenn den Handlungen des „Ersatzmanns" direkte Wirkungen beigelegt würden.

kein Fall der Vertretung. Das solchergestalt vorgenommene Rechtsgeschäft ist ausschließlich ein Rechtsgeschäft des im eigenen Namen Handelnden.

Einen Übergang (der Ansprüche auf den Vertretenen) kraft des Gesetzes . . . . positiv vorzuschreiben (Dresd. Entw. Art. 90 Abs. 2, Zür. GB. S. 1027), fehlt es an zureichenden Gründen."

Dementsprechend hat das BGB. die mittelbare Stellvertretung mit Stillschweigen übergangen. Es sah eben in ihm kein gesondertes Rechtsinstitut, das besonderer Regeln bedurfte. Danach macht es im geltenden bürgerlichen Recht überhaupt keinen Unterschied, ob ein im eigenen Namen auftretender für eigene oder für fremde Rechnung abschließt. Die Folgen des Geschäfts treffen stets nur den Kontrahenten selbst, der Interessent bleibt außerhalb des Vertrages und seiner Wirkungen.

Allein schon unter der Herrschaft des gemeinen Rechts machte sich geltend, daß diese gereinigte Stellvertretungslehre den Verhältnissen nicht überall gewachsen ist. Insbesondere wollte sich der in der Gerichtspraxis häufige Fall nicht einfügen, daß der Vermittler genötigt ist, den Drittkontrahenten wegen Verletzung seiner vertraglichen Verpflichtungen in Anspruch zu nehmen.

Hier wurde offenbar, wie wir schon wissen (vgl. oben § 3, I), daß dem Vermittler regelmäßig überhaupt kein Schaden aus der Nichterfüllung des Dritten erwächst, weil er kein eigenes Interesse an der Erfüllung hat und jeder ihm etwa entstandene positive Nachteil von dem Interessenten als seinem Auftraggeber usw. ausgeglichen werden muß. Danach würde es keine zivilrechtlichen Folgen haben, wenn der Dritte seine Verpflichtungen nicht erfüllt. Der Interessent, der hiervon allein den Schaden hat, hat keine Rechtsmittel ihn geltend zu machen und der Vermittler, dem das Rechtsmittel zu Gebote steht, hat wiederum keinen Schaden gehabt, um von dem Rechtsmittel Gebrauch machen zu können.

Wir wissen, daß die Praxis der gebieterischen Forderung des Verkehrs gegenüber gewaltsam einen Ausweg aus diesem Labyrinth gebrochen und dem Ersatzanspruche des Vermittlers einfach das

Interesse und den Schaden des Interessenten untergelegt hat. Bei diesem Notbehelf mußte man es mit in den Kauf nehmen, daß man sich nicht wenig an der Logik und Systematik des Rechts versündigte. Zieht man doch plötzlich die Person des Interessenten herein, den man der Logik halber grundsätzlich außerhalb des Vertrages lassen wollte. Überdies fehlte man gegen die subjektive Natur des Interesses, die es ganz offenbar nicht zuläßt, den Interessenanspruch des A mit dem ihm fremden Interesse des B auszufüllen.

Beachtung verdienen die Versuche, das wissenschaftliche Gewissen über diese Verfehlung zu beruhigen:

1. Etwas verwunderlich ist, daß am meisten Zustimmung die Ansicht Windscheids gefunden hat, obgleich sie sich auf eine nur beiläufige Bemerkung Windscheids gründet und genau besehen auf ein bloßes Operieren mit Worten hinausläuft.

Windscheid stellt (Pandekt. II § 258 Anm. 9) den Satz auf, daß ein als Mandatar für einen anderen kontrahierender „hierdurch das Interesse des anderen zu dem seinigen mache".

Nun ist es allerdings eine übliche Redewendung zu sagen, man „wolle das Interesse eines anderen zu dem seinigen machen", das will doch aber nur so viel heißen, daß man das Interesse eines anderen wie ein eigenes wahrnehmen wolle.

Diese von Windscheid herangezogene Ausdrucksweise mag vielleicht zunächst bestechend wirken. Sie kann aber doch nicht einen Augenblick ernstlich darüber hinwegtäuschen, daß die Interessenlage durch das Mandat nicht verändert ist und nicht verändert werden kann, da sie als ein rein tatsächlicher Umstand jeder Beeinflussung durch eine Beredung der Parteien entzogen ist.

Daß überhaupt der Versuch unternommen werden konnte, feststehende Tatsachen wegzudeuten, muß befremden. Kein Unternehmen erscheint für den Bestand der Wissenschaft gefährlicher als dieses. An den Tatsachen rütteln heißt die Fundamente untergraben, auf denen die Wissenschaft selbst errichtet ist.

2. Eine andere Meinung, die z. B. in der Entscheidung des

ROHG. v. 8. 5. 1877 Bd. 22 S. 253 vertreten wird, beruft sich auch auf das Vorhandensein des Auftrags. Sie nimmt ein eigenes Interesse des Vermittlers (Kommissionärs) dann an, wenn dieser auf einen Auftrag des Interessenten hin kontrahiert hat.

In der angezogenen Entscheidung heißt es: „In Wahrheit legt der Kommissionär der Verletzung der Vertragspflichten gegen ihn sein eigenes Interesse zu Grunde, weil er dem Kommittenten gegenüber für Ausführung des Auftrags zum mindesten insoweit haftet, als ihm der Drittkontrahent verantwortlich und zu leisten imstande ist."

Eine solche Haftung des Vermittlers ist nun aber gar nicht vorhanden, so oft auch diese Annahme in der Literatur und Praxis wiederkehrt. Denn der Beauftragte steht nicht für den Erfolg des Auftrags ein. Er ist, wie jetzt § 667 des BGB. sagt, lediglich „verpflichtet, dem Auftraggeber alles, was .... er aus der Geschäftsbesorgung erlangt, herauszugeben".

Die weitergehende Meinung des ROHG. irrt in den Voraussetzungen und hat deshalb keine Überzeugungskraft.

3. Eine ganz eigenartige Konstruktion gibt das Reichsgericht in der Entsch. v. 31. Jan. 1891 (Bd. 27 S. 125 ff.), deren Sachverhalt, soweit er interessiert, kurz der ist, daß Kläger (Kommissionär) von dem Beklagten (Drittkontrahent) Ersatz eines vom Kommittenten erlittenen Schadens begehrt.

Das Urteil führt aus:

Im allgemeinen spiele es gar keine Rolle, ob ein Vertrag für eigene oder für fremde Rechnung geschlossen werde, weil im letzteren Falle die Person des Interessenten völlig außerhalb des Vertrages und in jeder Hinsicht außer Betracht bleibe. Daher, fährt das Reichsgericht fort, könne „auch dem Anspruche des Kommissionärs an seinen Kontrahenten von diesem nicht der Einwand des mangelnden Interesses mit der Begründung entgegengestellt werden, daß der Kommissionär als solcher verpflichtet sei, die gekaufte Ware, den erlösten Preis dem Kommittenten herauszugeben, und daß sein eigenes Interesse nur im Verdienen der Provision liege". Das Urteil kommt zu dem Schlusse, der Beklagte ziehe bei der Begründung seines Einwandes zu Unrecht die Person des Kommittenten und dessen Interesse herein. Sein Einwand wird deshalb zurückgewiesen und der Klage stattgegeben.

Mir scheint, daß in diesem Urteile richtige und unrichtige Erwägungen einander durchkreuzen.

Zunächst ist es m. E. richtig, daß Niemand, der Erfüllung eines von ihm abgeschlossenen Vertrages begehrt, sein Interesse an der Erfüllung nachweisen muß (vgl. unten Note 4 zu § 10), sondern der Gegner hat den Mangel eines solchen Interesses darzulegen. Dieser Nachweis des Interessenmangels ist nun aber erbracht, sobald, wie in unserem Falle, feststeht, daß der Erfüllung verlangende für fremde Rechnung abgeschlossen hat, also nur ein Vertreter fremder Interessen ist. Denn dann fehlt dem Kläger offenbar ein eigenes Interesse und es bedarf nicht, um dies nachzuweisen, erst der nach Ansicht des Reichsgerichts unzulässigen Heranziehung der Person des Interessenten seitens des Beklagten.

In dem vorliegenden Falle wird nun aber nicht Erfüllung sondern Ersatz eines Schadens begehrt, und da wird es noch deutlicher, daß die Entscheidung des Reichsgerichts fehlgeht. Denn der Nachweis, daß ein positiver Schaden entstanden ist, liegt offenbar dem Kläger ob und dieser muß sich hierbei auf die Person des Interessenten berufen, da letzterer allein einen Schaden erlitten hat.

Mithin zieht in Wahrheit der Kläger und nicht der Beklagte die Person des Interessenten herein, so daß die Klage nach dem, was das Reichsgericht als Rechtens konstatiert hat, abgewiesen werden müßte und wenn das Urteil gleichwohl der Klage stattgibt, so stellt es die Sach- und Rechtslage geradezu auf den Kopf.[3])

---

[3]) Schloßmann findet die Lösung des Konflikts darin, daß er den Vermittler zum Treuhänder stempelt (II S. 367 ff.). (Die gleiche Konstruktion übrigens bei Max Weber in Goldschm. Zeitschr. Bd. 44 S. 33 f., gegen sie Schulze in Iherings Jahrb. Bd. 43 S. 2 f.)

Die Heranziehung des rechtlich wenig geklärten und bestimmten Instituts des Treuhänders kann m. E. nicht fördern. Man verschließt sich dadurch ebenso

Über diesen vergeblichen [4]) und bedenklichen Bemühungen, Tatsachen, die sich der herrschenden Lehre nicht einfügen, auf dem Wege der Konstruktion beseitigen zu wollen, ist nun das Symptomatische des Vorganges übersehen und nur vereinzelt wird die Erscheinung nach dieser Richtung gewürdigt.

So schreibt namentlich Dernburg (das bürgerliche Recht des Deutschen Reichs und Preußens, Bd. II § 342, 2. Aufl.), daß sich in der Heranziehung des vertretenen Interesses und in der Norm des § 392 Absatz 2 HGB. (darüber s. unten § 8) „gleichsam mit elementarer Gewalt" das zu Grunde liegende Stellvertretungsverhältnis geltend mache. Vgl. auch v. Tuhr in Grünhuts Zeitschr. Bd. 25 S. 529 ff., insbesondere S. 581 f., Cosack, Lehrbuch des Handelsrechts 6. Aufl. in seiner Zusammenstellung zu Note 37, 38 des § 43, Schloßmann II S. 413.

Weitergehende Konsequenzen zieht aber neben Schloßmann nur v. Tuhr, der in Übereinstimmung mit unseren Folgerungen verlangt, daß der Interessent unmittelbar aus dem Außenvertrage berechtigt werden müsse. Allein v. Tuhr will daneben die Rechte des Vermittlers bestehen lassen und gelangt so zu einem Verhältnisse, „das der aktiven Solidarität nahe kommt" (S. 582).

v. Tuhr will also nicht so durchgreifend wie wir mit der herrschenden Lehre brechen. Das Ergebnis ist ein Mischzustand, der, wenn anders unsere Ausführungen zu § 5 oben Recht haben, sich von dem geltenden Rechte entfernt, ohne sich der Interessenlage hinreichend zu nähern.

Die schärfste Kritik des herrschenden Dogmas gibt Schloßmann a. a. O. auf Grund umfangreichen Materials. Seine positiven Ergebnisse haben mit unseren Folgerungen nichts gemeinsam.

Schloßmann kommt zu folgendem Resultat:

---

wie durch die im Text besprochenen Versuche den Blick für den tiefer liegenden Grund der Erscheinung.

Vgl. auch Schloßmann II S. 413.

[4]) Auf das Vergebliche solcher Versuche weist auch Crome hin. (Die partiarischen Rechtsgeschäfte S. 305).

„Die Lehre," sagt er Bd. I S. 379, „von dem Bestehen zweier verschiedener Arten von Stellvertretung, der direkten und der mittelbaren Vertretung, zwischen denen der Vertreter oder der Vertretene beliebig wählen können, . . . ist falsch. Vielmehr entscheidet allein das objektive Recht nach objektiven Gesichtspunkten darüber, ob die Rechtswirkungen des Vertretergeschäftes unmittelbar den Vertretenen oder zunächst den Vertreter treffen . . ."

Dieses Resultat, nach welchem es dem Parteibelieben entzogen ist, ob in direkter oder indirekter Vertretung abgeschlossen werde, widerspricht aber zu offenbar den tatsächlichen Verhältnissen, als daß ich Schloßmann hier zu folgen vermöchte.[5])

---

[5]) Schloßmann kommt zu dieser Annahme, weil er m. E. von unrichtigen Voraussetzungen ausgeht. Er findet nämlich (Bd. I S. 152) folgende zwei sich gegenseitig ausschließende Sätze in Theorie und Praxis unvermittelt nebeneinander.

I. Auf der einen Seite den Satz:

Wenn jemand für einen anderen ein Geschäft schließt und der Dritte von dessen Absicht, für den anderen zu handeln, Kenntnis hat, so treffen die Rechtsfolgen des Geschäfts unmittelbar den anderen.

II. Auf der anderen Seite:

Die bloße selbst aus ausdrücklicher Mitteilung geschöpfte Kenntnis des Dritten davon, daß sein Mitkontrahent das Geschäft für einen anderen schließe, genügt nicht um direkte Rechtswirkungen für und gegen den anderen zu erzeugen.

Als Beleg für Satz I nennt Schl. die Entsch. des ROHG. v. 15. Oktober 1870 Bd. I Nr. 13 S. 56 und vom 14. September 1875 Bd. 18 Nr. 81 S. 294 ff.

In diesen beiden Entscheidungen wird nun aber lediglich gesagt, daß zur Vertragschließung in direkter Stellvertretung nicht erforderlich sei, das Geschäft ausdrücklich auf den Namen des Vertretenen zu stellen. Es genüge, daß die Absicht, das Geschäft auf den Namen des Vertretenen zu stellen, aus den Umständen hervorgehe.

Daß die Entscheidungen nur diesen mit der herrschenden Lehre in Einklang stehenden Satz aussprechen wollen, erhellt aus Entsch. Bd. I Nr. 13, die sich ausdrücklich auf HGB. Art. 52 Abs. 2 beruft, der dieses Prinzip ausspricht.

Ebenso gründet Entsch. Bd. 18 Nr. 81 mit voller Klarheit die Annahme direkter Stellvertretung darauf, daß die eine Partei auch sonst ihre Geschäfte auf

Ich muß auch diesem Autor gegenüber, dessen Kritik des geltenden Rechts dieser Arbeit vielfach zu gute kommt, daran festhalten, daß alle Konflikte sich in einfacher Weise lösen, sobald unmittelbare Rechtsbeziehungen zwischen dem Dritten und dem Interessenten hergestellt werden, und daß alle Unstimmigkeiten nur daraus resultieren, daß die mißhandelte Interessenlage gewaltsam die ihr von falscher Doktrin angelegten Fesseln gesprengt hat.

C. Im Rechte des Kommissionsgeschäftes.

§ 8.

Das alte HGB. hielt grundsätzlich an der herrschenden Lehre der mittelbaren Stellvertretung fest, als es bei der Regelung des Kommissionshandels zu ihr Stellung nehmen mußte. Nur in einem Punkte verließ es die alte Lehre und schuf eine Ausnahme, die von so großem praktischen und in ihren Konsequenzen auch von theoretischem Gewichte ist, daß ich die Aufmerksamkeit auf sie lenken darf.

Es ist die Norm des Art. 368 des alten HGB. (§ 392 neuen HGBs.).

Im Abs. 1 folgt der Gesetzgeber den alten Geleisen und statuiert, daß der Kommittent die Forderungen aus dem Außenvertrage erst nach ihrer Abtretung geltend machen könne.

Im Abs. 2 heißt es aber, daß diese Forderungen, auch wenn sie nicht abgetreten sind, im Verhältnis zwischen dem Kommittenten und dem Kommissionär oder dessen Gläubigern als Forderungen des Kommittenten gelten sollen.[1])

---

den Namen des Vertretenen zu stellen pflegte, so daß hieraus und aus anderen Umständen auf ein Kontrahieren im Namen des Vertretenen zu schließen sei.

Der von Schloßmann zwischen Satz I u. II festgestellte Widerspruch wird also m. E. durch die Belege nicht bestätigt.

[1]) Bereits das privatr. Gesetzb. für den Kanton Zürich, Buch 4 (v. 1. Heumonat 1855) enthält im § 1621 die gleiche Norm.

Der Gesetzgeber sah sich zu dieser Durchbrechung seiner Prinzipien gezwungen, um nicht beim Konkurse des Kommissionärs die Forderungen aus dem Außenvertrage den Konkursgläubigern des Kommissionärs zum Opfer fallen zu lassen, da diese Forderungen mit Mitteln und auf Gefahr des Kommittenten erworben sind.

Die materiell gar nicht beteiligte Konkursmasse soll nicht einen ungerechtfertigten Vorteil (= Differenz zwischen Außenforderung und Konkursdividende) zum Schaden des Kommittenten einstreichen. Kurz, es sind die gleichen Erwägungen, wie wir sie oben zu § 4 angestellt haben, die den Gesetzgeber zum Verlassen der alten Lehre genötigt haben.

Nur hat der Gesetzgeber nicht reine Bahn geschaffen, sondern nach mehr als einer Richtung hin halbe Arbeit getan. [2])

Zunächst berücksichtigt er nicht, daß ebenso wie der Kommittent auch der Dritte bei der herrschenden Lehre durch einen Konkurs des Vermittlers ungerechtfertigt benachteiligt wird. (Vgl. oben § 4.) Konsequenterweise hätte der Gesetzgeber also auch den Dritten unmittelbar gegenüber dem Kommittenten berechtigen müssen.

Weiter ist es eine Halbheit, daß das Gesetz die unmittelbare Berechtigung des Kommittenten auf obligatorische Ansprüche beschränkt. Eine entsprechende Bestimmung für dingliche Rechte fehlt, [3]) wie sie z. B. das Schweizer Obligationenrecht in dem unten zitierten Art. 399 Abs. 2 enthält. [4])

---

[2]) Das rügt auch Jaeger, Kommentar zur Konkursordnung 2. Aufl., Anm. 27 zu § 43.

[3]) Ich setze dabei voraus, daß nach deutschem Recht der Einkaufskommissionär Eigentümer der gekauften Waren wird. Abweichend Langen, Eigentumserwerb und Verlust bei Kommissionsgeschäften. Marburg 1900. L. macht die Frage des Eigentumserwerbes von der Willensrichtung des Kommissionärs abhängig. v. Canstein, Lehrbuch des Österreichischen Handelsrechts, will, um „absurde Konsequenzen" zu vermeiden, die Norm des Art. 368 auch für dingliche Rechte gelten lassen. Das scheint mir der klare Wortlaut des Gesetzes nicht zu gestatten.

[4]) Auch der franz. Code de com. gibt dem Kommittenten ein Aussonderungsrecht im Konkurse des Kommissionärs. Art. 575, dazu § 8 unten a. E.

Vgl. auch das deutsche Depotgesetz § 7 (8), Max Weber in Goldschm. Zeitschr. Bd. 44 S. 29 ff.

Eine weitere Schranke hat sich schließlich der Gesetzgeber selbst errichtet, indem er die Ausnahmebestimmung des § 392 Abs. 2 auf das innere Verhältnis, auf die Beziehung zwischen Kommissionär und Kommittenten beschränkt, obwohl sich das Verhältnis nach innen und nach außen nicht wohl in dieser Weise trennen läßt.

So hat denn die Praxis auch einfach diese Schranke durchbrochen. Ein Erkenntnis des OAppG. München vom 22. Juni 1868 (Seuff. Arch. Bd. 25 Nr. 270) kommt in konsequenter Entwicklung des dem § 392 Abs. 2 cit. zugrunde liegenden Rechtsgedankens zu der bemerkenswerten Feststellung, daß der Kommissionär dem Kommittenten gegenüber nur die Stellung eines Empfangsbevollmächtigten einnehme und ihm nicht die Befugnis zur Seite stehe, dem Kommittenten die unmittelbare Einziehung der Forderung zu verbieten.[5])

Das OAppG. München gelangt also lediglich in Auslegung des positiven Gesetzes zu einem mit dem unserigen zu § 5 oben genau übereinstimmenden Ergebnisse, nämlich daß dem Vermittler (Kommissionär) nur die Stellung eines Empfangsbevollmächtigten einzuräumen sei. Hiermit harmoniert, wenn ich das vorwegnehmen darf, auch das Seeversicherungsrecht, und zwar erklärt das Gesetz selbst ausdrücklich (§ 886 HGB.), daß der Vermittler „ohne Vollmacht legitimiert" sei, über die Forderungen aus dem Außenvertrage zu verfügen. (Näheres hierüber unten zu § 11.)

Ich meine diese doppelte Bestätigung eines erst im Wege mehrfacher

---

[5]) Hierher gehört auch eine Bemerkung in der Entsch. des ROHG. vom 28. Oktober 1873 Bd. 11 Nr. 86. Dort heißt es, daß der Kommissionär (Spediteur) „zur Vertretung des Kommittenten und zur Ausübung der diesem aus dem (Außenvertrage) Frachtvertrage mittelbar erwachsenen Rechte und Ansprüche durch den Speditionsauftrag legitimiert" sei. Eine noch weitere und nach meinem Dafürhalten zu weite Ausdehnung gibt F. Hellmann (in Birkmeyers Encyklopädie der Rechtswissenschaft, 2. Aufl. 1904 Bd. 2 S. 1031) dem Gedanken des § 392 Abs. 2 im Falle eines Konkurses des Kommissionärs. Er nimmt an, daß mit Konkursbeginn kraft des Gesetzes die Forderung auf den Kommittenten übergeht. Diese Annahme findet im Gesetz keine Stütze.

Schlußfolgerung gewonnenen Resultates gibt uns eine sichere Gewähr dafür, daß wir nicht allzuweit vom richtigen Wege abgewichen sind.

In der Literatur ist, abgesehen von den oben genannten Autoren,[6]) das Symptomatische der Ausnahmebestimmung des § 392 Abs. 2 nicht gewürdigt worden. Man sieht in diesem neuen Siege realpolitischer Prinzipien, um mit W. Endemann zu reden, nur „ein juristisches Monstrum" (Endemann, Gutachten S. 136).

Und doch würde gerade die Rechtsbehandlung des Kommissionsgeschäftes in besonderem Grade an Einfachheit und Natürlichkeit gewinnen, wenn die Ausnahmebestimmung des § 392 Abs. 2 zur Regel erhoben und darüber hinaus die unmittelbare Berechtigung und Verpflichtung des Kommittenten Gesetz würde.

Der Kommissionär würde dann nicht mehr (wie jetzt im Falle der Einkaufskommission) ein Pfandrecht an eigener Sache, ein Vorzugsrecht an eigener Forderung (§ 397 HGB.) erhalten, noch gemäß § 394 die Bezahlung seiner eigenen Forderung (Delkrederehaftung) garantieren können. Es würden also eine Reihe von Rechtsvorgängen verschwinden, die zum mindesten nicht normal und daher geeignet sind, selbst geschäftsgewandte Laien hinsichtlich der wahren Rechtsgestaltung irre zu führen.

Eine Anzahl ausländischer Handels- und Kulturstaaten ist schon heute im Besitze dieses gesunderen Rechtszustandes.

So wird nach englischem und schottischem und ebenso nach amerikanischem (Vereinigte Staaten) Rechte der Kommittent (agent) unmittelbar berechtigt und verpflichtet. [7])

---

[6]) Von ihnen weisen namentlich Dernburg und Schloßmann (II S. 362 f.), darauf hin, daß hier ein Einbruch der Vertretungstendenz stattgefunden hat. Vgl. auch Regelsberger in Jherings Jahrb. Bd. 44 S. 407, der dort für einen „Ausbau des der L 1 i. f. L 2 de inst. act. 14, 3 und dem HGB. § 392 Abs. 2 zu Grunde liegenden Gedankens eintritt, „daß gegenüber den Gläubigern einer Person die materielle Rechtslage zur Geltung kommt, wie sie durch das Verhältnis zwischen Vertreter und Vertretenem bestimmt wird."

[7]) Vgl. neben den nachfolgenden die von Grünhut (Das Recht des Kommissionshandels 1879 S. 327 Note 5) gegebenen Nachweise und Entsch. des ROHG. Bd. 7 S. 22.

In dem vielgelesenen Handbuche von Sir William R. Anson, 9. Aufl. Oxford 1899 heißt es Part. VI Chap II S. 360 f.:

If the agent acts on behalf of a principal whose existence he does not disclose, the other contracting party is entitled to elect whether he will treat principal or agent as the party with whom he dealt.

Dieselbe Berechtigung: to sue agent or principal upon the contract hat der Dritte within certain limits, if he enters into a contract with an agent, who does not give his principal's name. (Daselbst S. 359/8.) Nach englischem Recht hat also der Dritte, dem sein Gegenkontrahent entweder überhaupt nicht mitgeteilt hat, daß er für fremde Rechnung handelt, oder ihm doch den Namen des Interessenten verschwiegen hat, — wir sagen kurz in allen Fällen mittelbarer Stellvertretung — die Wahl, ob er den Vermittler oder den Interessenten belangen will.[8])

Ebenso wird S. 361 der unmittelbare Rechtserwerb des Interessenten (principal) aus dem Außenvertrage anerkannt: the real principal it entitled to sue upon such a contract, worüber sich W. Markby in seinen Elements of law, Oxford, 1896 noch deutlicher ausspricht:

Sect. 250 .... But in cases, where an agent does an act contemplating a legal result, wheter he does it avowedly as agent or not, the person may by accepting the result put himself in the position of principal.[9]) Weiter

---

[8]) Ausnahmen bestehen, im Falle der Prinzipal ein Ausländer ist und in the case of contracts by deed (solenner schriftlicher Akt), bills of exchange, promittory notes and cheques (Einbruch des Rechts der Wertpapiere, vgl. unten § 10 a. E.) Hier haftet der Prinzipal nicht. Encyclopaedia of the laws of England (A. Wood Renton) London-Edinburgh 1898. Vol. 10 S. 371.

[9]) Ausnahmen bei ausländischen Prinzipalen und bei contracts by deed. Hier keine unmittelbare Berechtigung des Prinzipals und Interessenten. Encyclopaedia S. 375.

stimmt das englische Recht nahezu in allen Einzelheiten mit unseren Ergebnissen zu § 5 oben überein. Ich erwähne folgendes:

Der Agent kann gegen den Dritten im eigenen Namen klagen, aber sein Recht to sue in his own name . . . is subservient to the right of the principal to sue, and ceases on the intervention of the principal. (Encyclopaedie a. a. O, S. 385). Der Prinzipal ist eben der eigentliche Rechtsinhaber.

Zahlung an den Agenten befreit den Prinzipal von seiner Verpflichtung gegenüber dem Dritten. Anson S. 362: . . . if while exclusive credit is given tho the agent the undisclosed principal pays the agent for the price of goods sold to him, he cannot be sued when he is discovered to be the purchaser.

Der Interessent kann nicht seine eigene Kenntnis hinter der Arglosigkeit des Vermittlers verstecken. Anson S. 364 . . . it would be strange if the consequences of fraud did not attach to a principal who knowingly employed an ignorant agent in order to profit by his misrepresentations.

Die Kenntnis des Vermittlers steht der Kenntnis des Interessenten gleich. Anson daselbst: In fact the knowledge of the agent is the knowledge of the principal when, and only when, it is imparted to the principal, or the transaction to which the knowledge is material is carried out. Hence it follows that if the agent knows that the principal is being defrauded, the principal cannot set aside the contract on the ground of fraud.

Das Schweizer Recht erkennt lediglich eine unmittelbare Berechtigung des Kommittenten an.

Art. 399 des Bundesgesetzes über das Obligationenrecht vom 14. 6. 1881 sagt ganz allgemein:

„Hat der Beauftragte für Rechnung des Auftraggebers im eigenen Namen Forderungsrechte gegen Dritte erworben, so gehen dieselben auf den Auftraggeber über, sobald der letztere seinerseits allen Verbindlichkeiten aus dem Auftragverhältnis nachgekommen ist.

Dieses gilt auch gegenüber der Masse, wenn der Beauftragte in Konkurs gefallen ist.

Ebenso kann der Auftraggeber im Konkurse des Beauftragten die beweglichen Sachen herausverlangen, welche letzterer im eigenen Namen, aber für Rechnung des Auftraggebers zu Eigentum erworben hat; . . .[10])

Die französische Jurisprudenz unterscheidet beim Kommissionsgeschäft zwei Fälle: der Kommissionär kann im Namen des Kommittenten auftreten oder opérer proprio nomine.[11])

Uns interessiert der letzte Fall.

Hier wird der Kommittent aus dem Außenvertrage mitverpflichtet, aber nicht mitberechtigt, so sagt das allerdings hinsichtlich des Ausschlusses der Mitberechtigung vielfach durchlöcherte Prinzip.

Denn schon das Gesetz selbst, nämlich Art. 1166 code civil, gibt ganz allgemein dem Kommittenten eine „action oblique“ gegen den Dritten.[12])

Und die Interessenlage oder, wie der Franzose sagt, la bonne foi hat die französische Praxis veranlaßt, über das Gesetz, den code de commerce, hinauszugehen und in folgenden Fällen dem Kommittenten einen direkten Anspruch zu gewähren. So kann der Kommittent agir contre le tiers acheteur en paiement du prix. Ferner kann er beim Konkurse des Kommissionärs direkt den Dritten belangen à l'exclusion des autres créanciers de la faillite du commissionaire und im Falle der Einkaufskommission hat er hinsichtlich der eingekauften Waren ein Aussonderungsrecht (pourrait

[10]) Vgl. hierzu Art. 431, 442 Abs. 2 das. (Anwendbarkeit des Art. 399 auf das Kommissionsgeschäft).

[11]) Pandectes françaises. (M. André Weiß, Paris 1894 Bd. 18 § 5 S. 591 Nr. 807 ff. 812, Ch. Lyon-Caen et L. Renault, Précis de droit commercial, Paris 1884 Bd. I Nr. 799. Grünhut, Kommissionshandel S. 327 Note 5.

[12]) Art. 1166 code civil lautet:

Néanmoins les créanciers peuvent exercer tous les droits et actions de leur debiteur à l'exception de ceux qui sont exclusivement attachés à la personne.

les revendiquer,[13]) ja verschiedene Autoren nehmen an, daß der Kommittent unmittelbar Eigentümer der eingekauften Waren wird: la propriété passe directement du tiers-vendeur au commettant (Lyon-Caen und Renault Nr. 816).[14])

Schließlich kommen Lyon-Caen und Renault (Nr. 801) dem Kommittenten noch mit folgender clausula generalis zur Hilfe:

„Pourvu que les tiers soient desinteressés dans la question et que le commissionaire n'ait pas quelque intérêt legitime à ce qu'il en soit antrement, le commettant a donc le droit d'agir comme créancier, débiteur ou propriétaire . . .

Nach allem ist also auch das französische Recht auf dem besten Wege neben der unmittelbaren Verpflichtung auch die unmittelbare Berechtigung des Kommittenten anzuerkennen.

In Frankreich sind wie bei uns im Gebiete des Kommissionsgeschäftes die verschiedenen Prinzipien im lebhaften Kampfe miteinander begriffen. Zwar neigt sich besonders in Frankreich unverkennbar der Sieg den realpolitischen Prinzipien zu, die unmittelbare Rechtsbeziehungen knüpfen, aber dieser Sieg ist noch nicht wie in der englisch-amerikanischen agency ein endgültig entschiedener.

Dieser Fortschritt ist bei uns nur auf dem engeren Gebiete der Seeversicherung vollkommen erreicht worden.

D. Im Wechselrecht.

§ 9.

Auch ein Problem des Wechselrechts fällt in den Kreis unserer Betrachtung. Es betrifft die rechtliche Behandlung des viel umstrittenen versteckten Inkassogiros.

---

[13]) Lyon-Caen et Renault Nr. 800, 801 vgl. Art. 575 code de commerce.

[14]) Weitere Belege gibt Keyßner, Goldschmidts Zeitschr. Bd. 29 S. 305. Mir scheint aber doch nicht klargestellt, ob ein solcher unmittelbarer Rechtserwerb überall da statthat, wo der Kommissionär im eigenen Namen auftritt. Dieser direkte Eigentumsübergang fügt sich der im Text geschilderten Rechtslage nicht recht ein.

Der Inkassomandatar tritt nach außen auf wie ein für eigene Rechnung handelnder, wie ein Vertreter eigenen Rechts. Er ist wie jeder andere Wechselgläubiger legitimiert durch ein Vollindossament. Man kann ihm ebensowenig wie in vielen Fällen dem „Vermittler“ ansehen, daß er für fremde Rechnung handelt.

Diese volle äußere Legitimation des Inkassomandatars hat nun die noch heute herrschende Meinung aufkommen lassen, daß der Inkassomandatar nicht nur wie ein echter Wechselgläubiger auftrete, sondern auch in der Tat der Inhaber des von ihm vertretenen Rechtes sei.

Gleichwohl hat man aber auch hier dem zu Grunde liegenden Vertretungsverhältnis die Konzession machen müssen, daß man dem Inkassomandatar gegenüber alle Einreden zuließ, die dem Rechte seines Vormannes, d. i. des wahren Interessenten, entgegenstehen.

Diese Konzession war notwendig, wenn nicht die Schärfe des Wechselrechts, die alle Einreden aus der Person der Vormänner zerschneidet, mißbraucht werden sollte. Es wäre sonst möglich, durch die Arglosigkeit eines vorgeschobenen Inkassomandatars die eigene Arglist zu decken.

So veranlaßte der Umstand, daß der Inkassomandatar nur für Rechnung seines Vormannes das Wechselrecht geltend macht, die wichtige Rechtsfolge, daß sein Recht allen Einreden aus der Person des Vormannes weichen muß.

Hierbei ist es nach der neuesten, in Theorie und Praxis adoptierten Rechtsprechung des Reichsgerichts gleichgültig, ob die dem Rechte aus dem Wechsel entgegenstehenden Einreden beim Empfang des Wechsels oder erst bei Erhebung der Klage oder nachher dem Mandatar bekannt geworden sind (RG. 41 S. 115, vgl. auch RG. 4 S. 100).

Gegründet wird diese Entscheidung auf die Annahme, der Mandatar handele arglistig, wenn er eine Forderung geltend mache, die seinem Mandanten gar nicht zusteht.

Aber diese Begründung ist offenbar keine durchschlagende. Von Arglist kann man doch nur bei bewußt rechtswidrigem Handeln sprechen. Hier aber soll es auf die Kenntnis des Mandatars von seinem materiellen Unrechte gar nicht ankommen. Denn das ist es, was das Reichsgericht im Ergebnis sagt, wenn es den Zeitpunkt seiner Kenntnisnahme für gleichgültig erklärt.

Gegen die Annahme der Arglist erklären sich deshalb Staub, Kommentar zur Allgem. D. W. O. 4. Aufl. 1901 Anm. 8 zu Art. 17 und Dreyer bei Gruchot Bd. 40 S. 464. Cosack (Handelsrecht) macht zu § 53 III 2b Zweifel geltend.

Der Gedanke, der die Praxis des Reichsgerichts stützt, ist in der Tat ein anderer, uns nahe angehender, nämlich der, daß kein eigenes Recht besitzt, wer lediglich für fremde Rechnung handelt. Der Mandatar bleibt trotz seiner vollkommenen Legitimation durch das Vollindossament nur ein Wahrnehmer fremder Rechte, weil er nur für fremde Rechnung auftritt.

Diesen wichtigen Satz spricht in aller Schärfe Staub aus.

Er sagt a. a. O. Anm. 8: „Der Inkassomandatar soll den Wechsel im eigenen Namen geltend machen, aber im Auftrage und für Rechnung des Indossanten. Er macht also das Wechselrecht zwar im eigenen Namen, aber er macht doch kein eigenes Wechselrecht geltend, sondern ein fremdes, und daraus folgt unseres Erachtens ohne weiteres, daß er sich die Einwendungen, die diesem fremden Rechte entgegenstehen, gefallen lassen muß."

Der Auffassung Staubs folgt auch Dreyer bei Gruchot 40 S. 465. Vgl. auch Bernstein, Allgem. D. WO., S. 114, bb.

Also selbst in dem so ausschließlich von der äußeren Form beherrschten Wechselrechte hat sich die innere Interessenlage Geltung verschafft, und sich ein Gedanke durchgesetzt, der mit unseren eigenen Anschauungen im engsten Zusammenhange steht:

Es wird als etwas ganz Unzweifelhaftes ausgesprochen, daß fremde Rechte geltend macht, wer für fremde Rechnung handelt.

Ist das nicht aufs neue eine Bestätigung unserer Theorie, die noch einen Schritt weitergeht und sagt, daß ein für fremde Rechnung

Handelnder überhaupt nicht fremde Rechte erwerben könne, daß man zwar Rechte für einen anderen geltend machen, nicht aber sie selbst innehaben könne?

Ich meine, in diesem Satze ist bereits der Gedanke Staubs und seiner Meinungsgenossen enthalten, und daher ist in unserer Theorie das Problem des versteckten Inkassogiros auf der allgemeinsten Basis gelöst worden.

So dient dieser viel umstrittene Vorgang des Wechselrechts ebenso zur Stütze unserer Theorie, wie er aus ihr erst seine wissenschaftliche Klarstellung erhält. Damit mag diese kleine Abschweifung in das Gebiet des Wechselrechts gerechtfertigt sein. [1])

E. In der Seeversicherung für fremde Rechnung.

a) Die Rechtsgrundlage dieses Instituts.

§ 10.

In den bisher durchwanderten Gebieten sind wir, was das in Deutschland geltende Recht angeht, nur auf vereinzelte Ansätze fortschrittlicher Rechtsentwicklung gestoßen. Es waren immer nur wenige, wenn auch fundamentale Rechtsvorgänge, in denen ein neues Recht sich ankündigte, die sich dann in der alten, anders gearteten Umgebung gar fremdartig und rätselvoll ausnahmen.

Jetzt hingegen wenden wir unsere Aufmerksamkeit einem deutschen Rechtsinstitute zu, in dem wir alle unsere Wünsche bereits erfüllt sehen. Fast bis in die letzten Konsequenzen hinein sind die Er-

---

[1]) In diesem Zusammenhange interessiert die Ausführung Kohlers in seinem Lehrbuch des Konkursrechts 1891 S. 179. Kohler will im Falle des Konkurses des Inkassomandatars auf Grund des Art. 368 alten HGBs. dem Indossanten eine vindicatio utilis geben, einen Anspruch auf Herausgabe des Wechsels aus dem Konkurse . . ., bezw. auf Vollzahlung der aus dem Wechsel erlangten Summe.

gebnisse unserer Theorie zu positiven Gesetzesnormen verwirklicht worden.

Indes können wir die Früchte dieser Rechtsentwicklung nicht mühelos genießen. Sie liegen nicht offen zutage. Eine gewisse Kompliziertheit der rechtlichen Situation, nämlich die Durchsetzung des Instituts der Versicherung für fremde Rechnung mit versicherungstechnischen Elementen, hat es verhindert, daß in der Wissenschaft die von mir vertretene Meinung aufgestellt ist, die Versicherung für fremde Rechnung sei nichts anderes als ein fortschrittlich entwickeltes Stellvertretungsverhältnis mit versicherungstechnischen Zutaten. Ich muß daher zunächst den Beweis für diese meine Behauptung erbringen, was bei einem so entlegenen Gebiete nicht ohne eine gewisse Umständlichkeit geschehen kann.

Was unter einer Versicherung für fremde Rechnung zu verstehen sei, sagt das Gesetz selbst im § 781 Abs. 1 u. 2 des HGB.

Dort heißt es:

„Der Versicherungsnehmer kann entweder sein eigenes Interesse (Versicherung für eigene Rechnung) oder das Interesse eines Dritten (Versicherung für fremde Rechnung) und im letzteren Falle mit oder ohne Bezeichnung der Person des Versicherten unter Versicherung bringen.

Es kann im Vertrage auch unbestimmt gelassen werden, ob die Versicherung für eigene oder für fremde Rechnung genommen wird (für Rechnung „wen es angeht") . . . . ."

Ich darf darauf aufmerksam machen, daß die Bezeichnung „Versicherungsnehmer" technischer Ausdruck ist zur Kennzeichnung desjenigen, der mit dem Versicherer den Versicherungsvertrag abschließt. Danach sind bei einer Versicherung für fremde Rechnung beteiligt ein Versicherer, ein Versicherungsnehmer und ein Versicherter (Interessent).

Die *rechtliche Behandlung* der Versicherung für fremde Rechnung läßt sich etwa in folgenden Sätzen veranschaulichen:

1. Der Versicherte wird aus dem Versicherungsvertrage dem Versicherer gegenüber unmittelbar berechtigt. §§ 882, 883 HGB.

2. Der Versicherungsnehmer ist „ohne Beibringung einer Vollmacht" von seiten des Versicherten „legitimiert, über die Rechte, die im Versicherungsvertrage für den Versicherten ausbedungen sind, zu verfügen, sowie die Versicherungsgelder zu erheben und einzuklagen." § 886 Abs. 1 das.

3. „Der Wille, die Wissenschaft, der etwaige Dolus des Interessenten und Auftraggebers (Versicherten) üben entscheidenden Einfluß auf den Bestand des Kontrakts aus." Joh. Friedr. Voigt-J. Seebohm, das deutsche Seeversicherungsrecht 1884—87 S. 29, RG. in Seuff. Arch. 47 Nr. 223.

4. „Wenn . . . der Versicherungsnehmer zahlungsunfähig geworden ist und die Prämie von dem Versicherten noch nicht erhalten hat, so kann der Versicherer auch den Versicherten auf Zahlung der Prämie in Anspruch nehmen." § 812 Abs. 3.

Schon diese wenigen Sätze zeigen eine fast vollkommene Übereinstimmung mit den Regeln, die wir oben ganz allgemein aus der Interessenlage der mittelbaren Stellvertretung abgeleitet haben.

Und in der Tat ist hier der Sachverhalt, die Interessenlage, die gleiche. Wir haben ebenso wie dort eine Vertragschließung zwischen zwei Personen, von denen die eine (der Versicherungsnehmer) im eigenen Namen, aber für fremde Rechnung handelt und das Interesse eines anderen (des Versicherten, Interessenten) vertritt. Es liegt also mittelbare Stellvertretung, gegebenenfalls ein Kommissionsgeschäft, zu Grunde.

Dementsprechend war auch ursprünglich die Meinung eine allgemeine, die Versicherung für fremde Rechnung sei nur ein Anwendungsfall des gewöhnlichen Kommissionsgeschäfts. Als aber der Versicherungsvertrag mehr und mehr eine selbständige Rechtsnatur entwickelte und Besonderheiten herausbildete, die ihn immer weiter von dem sich gleich bleibenden Kommissionsvertrage entfernten, verschwand das Gefühl für die Zusammengehörigkeit beider und die

Ansicht trat hervor, daß man es mit zwei von Grund aus verschiedenen Rechtsinstituten zu tun habe.[1])

Insbesondere findet man heute einen tiefgehenden Unterschied zwischen beiden in der unmittelbaren Berechtigung des Versicherten und in der unmittelbaren Einwirkung seines Verhaltens auf den Bestand des Vertrages (Punkt 1 u. 3 auf der vorhergehenden Seite). Vgl. Voigt-Seebohm S. 28 ff., RG. in Seuff. Arch. 47 Nr. 223.

Nur für die Beziehungen zwischen dem Versicherten und dem Versicherungsnehmer, also für die innere Seite des Verhältnisses, läßt Ehrenberg, Versicherungsrecht S. 199, auch heute noch die Grundsätze des Kommissionsgeschäftes gelten.

Hinsichtlich des Außenvertrages hingegen unterscheidet Ehrenberg, um zunächst bei seiner Theorie stehen zu bleiben, ob der Versicherungsnehmer Vertragsrechte geltend macht, oder ob er Vertragspflichten erfüllt, und kennzeichnet im ersteren Falle den Nehmer als (direkten) Vertreter, im letzteren Falle, also soweit er Pflichten erfüllt, als Kommissionär. (Iherings Jahrbücher Bd. 30 S. 471, Versicherungsrecht S. 191.)

Dieser Konstruktion scheint mir vor allem das Bedenken entgegenzustehen, daß es nicht wohl angeht, einen Vertrag in zwei

---

[1]) Derselbe Umschwung der Meinungen hat sich in Frankreich vollzogen. Nachdem sich eine herrschende Ansicht dahin gebildet hat, daß der Versicherte unmittelbar aus dem Versicherungsvertrage berechtigt wird, ist man auch dort der Meinung, daß wesentliche Besonderheiten die Versicherung „pour compte" von dem gewöhnlichen Kommissionsgeschäfte trennen, wenn man auch heute noch den Versicherungsnehmer — entsprechend der Ausdrucksweise des Gesetzes (art. 332 Code de com.) — als commissionnaire bezeichnet. (Vgl. Coulon-Houard, Code pratique des Assurances maritimes, Note 89 zu Art. 332, Lyon-Caen et L. Renault, Traité de droit commercial Bd. 6 S. 261.)

In England und in den Ver. Staaten konnte hingegen die Überzeugung von der Wesensgleichheit beider Institute gar nicht verloren gehen, weil die Entwicklung des Kommissionsgeschäfts mit der Ausbildung der Versicherung für fremde Rechnung gleichen Schritt gehalten hat. Vgl. das unten im Text Gesagte.

juristisch getrennte Bestandteile aufzulösen. Das ist m. E. mit dem einheitlichen Wesen des Vertrages und der innigen Verkettung seiner Elemente untereinander nicht zu vereinen.

Man könnte hinzufügen, daß gerade der Versicherungsvertrag eine solche Scheidung der Vertragsrechte und Pflichten nicht dulde, weil insbesondere die sog. Anzeigepflicht des Versicherungsnehmers so eng mit dessen (bezw. des Versicherten) Vertragsrechten verknüpft sei, daß sie z. B. Dernburg (Preuß. Privatrecht II S. 723) als bloße Voraussetzung dieser Rechte bezeichnet.

Allein die Anzeigepflicht ist schon vor dem Vertragsschlusse existent geworden und um deswillen überhaupt keine Vertragspflicht. Wir beschränken uns deshalb auf die Feststellung, daß weniger die besondere Natur des Versicherungsvertrages als das einheitliche Wesen des Vertrages überhaupt der Annahme Ehrenbergs sich entgegenstellt.

Während Ehrenberg, das ist bemerkenswert, an dem Standpunkte festhält, daß die Versicherung für fremde Rechnung ein Stellvertretungsverhältnis, und zwar eine Zwischenbildung zwischen direkter und indirekter Vertretung sei, will eine andere neuerdings in den Vordergrund getretene Auffassung auch dies nicht mehr gelten lassen und behauptet, die Rechtsentwicklung habe die Versicherung für fremde Rechnung allmählich aus einem Kommissionsverhältnis in einen Vertrag auf Leistung an Dritte verwandelt.[2])

Diese Annahme ist um deswillen eine auffallende, weil der Vertrag auf Leistung an Dritte sich auf einer ganz anderen

---

[2]) So Lewis, Lehrbuch des Versicherungsrechts S. 129, Hellwig, Verträge auf Leistung an Dritte S. 242 ff. und S. 576 ff., und Cosack, Handelsrecht § 136 Nr. 1. Letzterer in notwendiger Konsequenz seiner besonderen Stellungnahme zu den Verträgen auf Leistung an Dritte. Vgl. unten Note 4.

Dagegen die Kommission zur Beratung eines allgem. deutschen HGB. bei J. Lutz, Protokolle dieser Kommission S. 3576, Ehrenberg, Iherings Jahrb. 30 S. 425 f.

Interessenlagerung aufbaut als das Stellvertretungsverhältnis.

Wäre die Annahme eines Vertrages auf Leistung an Dritte zutreffend, so müßte sich entweder im Laufe der Zeiten auch die Interessenlage bei der Versicherung für fremde Rechnung verändert haben, oder die Rechtsentwicklung wäre versehentlich in ein verkehrtes Fahrwasser geraten und dieses Institut wäre in ein nicht passendes juristisches Gewand gekleidet worden.

Letzteres ist bei dem aus der Geschäftspraxis unmittelbar hervorgegangenen Seeversicherungsrechte nicht wohl denkbar, und ebensowenig diskutabel erscheint die übrig bleibende erste Annahme, daß sich vielleicht die Interessenlage bei der Versicherung für fremde Rechnung verschoben habe.

Denn die Situation ist doch offenbar nach wie vor die, daß bei der Versicherung für fremde Rechnung, wie bei jedem Stellvertretungsverhältnis, nur zwei Interessenten einander gegenüberstehen, der Versicherer und der Versicherte.

Dem Versicherungsnehmer fehlt ebenso wie einem „Vermittler" jedes direkte und selbständige Interesse an dem Inhalte des Versicherungsvertrages.[3]) Ihn berührt es ebensowenig wie einen Kommissionär unmittelbar, ob er die Versicherung zu niedrigerer oder höherer Prämie, ob er sie mit oder ohne lästige Klauseln erhält.

Anders bei einem Vertrage auf Leistung an Dritte. Hier hat der Versprechensempfänger ein selbständiges Interesse an dem Inhalte und an der Aufrechterhaltung des Vertrages.[4]) Er ist daran interessiert, zu günstigen Bedingungen abzuschließen.

---

[3]) Darauf weist schon Ehrenberg, Iherings Jahrb. S. 425 hin.

[4]) So die herrschende Meinung. Vgl. Bähr (Iherings Jahrb. Bd. 6 S. 139, Archiv f. ziv. Praxis Bd. 67 S. 160f. § 2). Regelsberger, Kritische VJSchr. Bd. 11 S. 565. E. Zimmermann, Die Lehre von der stellvertretenden Negotiorum Gestio, Straßburg 1876 S. 81. Hellwig a. a. O. S. 44ff., 60. Schloßmann I S. 57ff.

Nach meinem Dafürhalten kennzeichnet die Verschiedenheit in der Inter-

Bei den Verträgen auf Leistung an Dritte sind, wie die herrschende Meinung sich ausdrückt, zwei getrennte Kausalbeziehungen vorhanden (vgl. Note 4). Der Vertrag ist „zweischichtig". Es stehen hier drei Interessenten einander gegenüber, bei der Versicherung für fremde Rechnung, wie bei allen Stellvertretungsverhältnissen hingegen nur zwei.

essenlage am besten den Unterschied zwischen Stellvertretung und Verträgen auf Leistung an Dritte: der Versprechensempfänger hat ein eigenes Interesse, dem Stellvertreter fehlt es. So sagt auch Bähr a. a. O., daß „der letzte Grund" für die Rechtswirksamkeit der Verträge auf Leistung an Dritte in dem eigenen Interesse des Versprechensempfängers liege. Bähr hält es aber für korrekter, den „nämlichen Gedanken einen anderen Ausdruck" zu geben und als Kriterium dieser Vertragsart nicht das Vorhandensein dieses Interesses, sondern das Bestehen einer Kausalbeziehung zwischen Promissar und Promittenten hinzustellen. Bähr ist besorgt, es könne sonst der Nachweis dieses Interesses begehrt werden.

Diese Befürchtung erscheint unbegründet. Das Vorhandensein eines Interesses wird bei Ansprüchen aus Verträgen überall vermutet. Es ist Sache des Gegners, den Mangel des Interesses darzutun. (Vgl. das oben S. 49 mitgeteilte Urteil des RG. vom 31. Januar 1891, Bd. 27. S. 125 ff).

Daher insofern gegen Bähr auch Windscheid-Kipp, Pandekten, Note 3 zu § 316.

Abweichender Ansicht ist Cosack (Lehrb. des deutsch. bürg. Rechts 4. Aufl. § 97 II, 1). Cosack verneint das Erfordernis eigenen Interesses auf seiten des Versprechensempfängers bei den Verträgen auf Leistung an Dritte.

Der Standpunkt Cosacks berührt eine tiefgreifende Prinzipienfrage, auf die ich mich hier nicht einlassen kann. Über sie vgl. etwa das von Hellwig § 8 II gesagte (S. 54 ff.).

Ich meine aber, die Ansicht Cosacks ist mit unserem positiven Recht schon um deswillen nicht vereinbar, weil nach ihr jeder Unterschied in der Sach- und Interessenlage zwischen mittelbarer Stellvertretung und den Verträgen auf Leistung an Dritte entfällt und wir dann zu dem unannehmbaren Ergebnisse kommen, daß wir trotz gleicher Sachlage, trotz gleicher Voraussetzungen verschiedene Rechtsinstitute, also auch verschiedene Rechtswirkungen hätten.

Und dabei läßt sich die Verschiedenheit in der Rechtsgestaltung beider Institute aus der von der herrschenden Meinung angenommenen Verschiedenheit der Interessenlage rein logisch ableiten, — vgl. das oben im Text zu Note 5 Gesagte — was m. E. den Rückschluß unabweisbar macht, daß in der Tat diese Verschiedenheit der Interessenlage gegeben ist.

Damit ist die verschiedene Sach- und Interessenlage bei beiden Vertragsverhältnissen offen gelegt, und wir werden hieraus sofort folgenden wichtigen Unterschied in der rechtlichen Behandlung beider Vertragsarten herleiten können:

Bei einem Vertrage auf Leistung an Dritte können die Vertragspflichten des Promittenten nicht ohne den Willen oder sonst ohne Zutun des Versprechensempfängers aufgehoben werden.[5]) Hingegen ist bei einem Versicherungsvertrage für fremde Rechnung nach dieser Richtung die Person des Versicherungsnehmers in keiner Weise maßgebend, weil dem Nehmer ein selbständiges Interesse an der Aufrechterhaltung des Vertrages fehlt. Hier genügt der Wille des Versicherten oder dessen vertragswidriges Verhalten allein, um den Versicherer seiner Verpflichtungen zu entbinden.

Ferner sei noch nebenbei erwähnt, daß es mit der Natur eines Vertrages auf Leistung an Dritte nicht zu vereinen ist, daß der Versicherte auch Träger von Vertragspflichten ist. (Vgl. oben S. 65 Satz 4 Prämienzahlungspflicht des Versicherten). Denn der Begünstigte bleibt stets von allen Vertragspflichten frei (Hellwig S. 258).

Nach allem dürfen wir daran festhalten, daß die Versicherung für fremde Rechnung ein echtes Stellvertretungsverhältnis, nicht ein Vertrag auf Leistung an Dritte ist.

Es sind noch eine Reihe weiterer Konstruktionen in der Literatur hervorgetreten, die in diesem Zusammenhange nicht interessieren, weil sie sich nicht gegen die Natur der Versicherung für fremde Rechnung als die eines Stellvertretungsverhältnisses wenden.

Hingegen ist noch einem gewichtigen Einwand zu begegnen:

Ich habe zu Eingang die Versicherung für fremde Rechnung als ein fortschrittlich entwickeltes Stellvertretungsverhältnis gekenn-

---

[5]) Vgl. Hellwig S. 286 ff. So kann der Begünstigte selbst dann nicht mit dem Promittenten die Aufhebung des ganzen Vertrages vereinbaren, wenn — wegen der etwaigen Unwiderruflichkeit seines Rechts — es seiner Zustimmung zur Aufhebung des Vertrages bedarf. Hellwig S. 258|9.

Vgl. auch Ehrenberg in Iherings Jahrb. Bd. 41 S. 380.

zeichnet. Wenn danach sich dieses Vertragsverhältnis von dem uns geläufigen Bilde mittelbarer Stellvertretung abhebt, so hat dies eben seinen Grund darin, daß das Versicherungsrecht sich in einem weiter vorgeschrittenen Stadium der Entwicklung befindet. Allein dies ist nicht die einzige Ursache seiner Besonderheit. Hinzu kommen verschiedene versicherungstechnische Eigentümlichkeiten. Wenn nun auch letztere sich unschwer als solche erkennen lassen — ich habe sie unten Note 6 zusammengestellt —, so hat doch die Verquickung beider Elemente miteinander es verursacht, daß die Versicherung für fremde Rechnung bisher in einem so fremden Lichte erschienen ist.

Das Vorhandensein versicherungstechnischer Besonderheiten hat es verhindert, daß die fortschrittliche Entwicklung des reinen Stellvertretungsverhältnisses als solche gewürdigt ist. Man ging so weit, alle Abweichungen der Versicherung für fremde Rechnung von dem gewohnten Bilde mittelbarer Stellvertretung auf das Konto rein versicherungstechnischer Bedürfnisse zu schreiben und kam so zu der Annahme, daß durch sie das Vertretungsverhältnis von Grund aus geändert wäre, während in der Tat die Besonderheiten versicherungstechnischer Natur nur äußere Zutaten geblieben sind, die das Wesen des Stellvertretungsverhältnisses nicht berühren.[6])

---

[6]) Um keinen Zweifel zu lassen, stelle ich die Besonderheiten versicherungstechnischen Ursprungs zusammen, wobei ich im Interesse der Kürze Kenntnis des Versicherungsrechts voraussetzen darf.

1. Dahin gehören zunächst die Sätze betreffend die sog. Anzeigepflicht, die eben nur das Versicherungsrecht kennt.

Auch hier ist übrigens die Entwicklung des Stellvertretungsverhältnisses von Einfluß. Darüber unten zu § 11, III.

2. Ferner ist versicherungstechnischen Ursprungs die Verpflichtung des Versicherungsnehmers, dem Versicherer mitzuteilen, daß er für fremde Rechnung handelt.

Was der eigentliche Grund dieser heute gegenstandslosen Norm ist, darüber herrscht in der Literatur keine Einigkeit.

Ich meine, am meisten für sich hat die von Desjardins (Traité de droit commercial, Paris 1888, Bd. 6 S. 69 f), mitgeteilte Annahme, nach welcher diese dem französischen Rechte entnommene Mitteilungspflicht aus der Besorgnis hervorgegangen ist, der Versicherungsnehmer selbst könnte auf dem

Uns interessiert vor allem, ob die für die Versicherung für fremde Rechnung so charakteristische unmittelbare Berech-

---

in der Police genannten Schiff Waren gleicher Art für eigene Rechnung haben und eventuell die Versicherung hinterher auf seine eigenen Waren beziehen. Doch ist die Gefahr solcher Schiebungen offenbar eine sehr entfernte und heute ohne praktische Bedeutung.

Deshalb sagt § 781 Abs. 2 HGB.: Es kann im Vertrage auch unbestimmt gelassen werden, ob die Versicherung für eigene oder fremde Rechnung genommen wird (für Rechnung „wen es angeht").

Damit ist die Verpflichtung zur Aufdeckung des Stellvertretungsverhältnisses in der Tat wieder beseitigt, denn in praxi werden fast ausnahmslos alle Versicherungen mit der Klausel Versicherung „für Rechnung wen es angeht" geschlossen. So hat diese Norm heute nur die Wirkung, daß es das sonst so praktische Seeversicherungsrecht mit einer leeren Formel belastet.

3. Weiter ist rein versicherungstechnischer Natur die Verpflichtung des Versicherungsnehmers anzuzeigen, wenn er ohne Auftrag des Interessenten Versicherung nimmt.

§ 782 bestimmt (Abs. 1 u. 2):

„Die Versicherung für fremde Rechnung ist für den Versicherer nur verbindlich, wenn entweder der Versicherungsnehmer zur Eingehung der Versicherung von dem Versicherten beauftragt war oder wenn der Mangel eines solchen Auftrags von dem Versicherungsnehmer bei dem Abschlusse des Vertrags dem Versicherer angezeigt wird.

Ist die Anzeige unterlassen, so kann der Mangel des Auftrags dadurch nicht ersetzt werden, daß der Versicherte der Versicherung nachträglich zustimmt."

Der Grund für diese Bestimmung ist, daß die Versicherung von Waren unbekannter Eigentümer eine gewisse Gefährdung des Versicherers bedeutet, zumal wenn sie ohne Bezeichnung des Schiffs (in „unbenannten" Schiffen § 817 HGB.) erfolgt.

Nach glücklich beendigtem Transporte könnte nämlich der Versicherungsnehmer mit der Vorspiegelung kommen, die versicherten Waren seien nicht verschickt worden und Ristornierung verlangen. Der Versicherer wäre dann nicht imstande, diesen Betrug als solchen zu erkennen. (Bemerkenswert ist, daß das Argentinische HGB. Art. 1227 daher in derartigen Fällen ein Ristorno nicht zuläßt.)

Ferner könnte der Nehmer, nachdem die versicherten Güter gelandet sind, während unversichert gebliebene Güter gleicher Art verloren gegangen sind, diese als die versicherten unterschieben. (Einen derartigen Versuch teilt Benecke-Nolte, Bd. 1 S. 541 mit), vgl. auch Protokolle S. 3657 ff.)

tigung des Versicherten versicherungstechnischen Ursprungs ist, welche Meinung namentlich Ehrenberg vertritt. Wäre das der Fall, dann könnten wir dieses Institut nicht mehr als ein fortschrittlich entwickeltes Stellvertretungsverhältnis in Anspruch

Der Versicherer wäre nicht in der Lage festzustellen, daß diese Güter nicht die versicherten sind. Denn der Versicherungsnehmer könnte behaupten, daß er gerade die Versicherung dieser Güter beabsichtigt habe. Diese Absicht kann aber ein rein innerer Vorgang bleiben, über dessen Vorhandensein schwer Gewißheit zu erlangen ist.

Will in diesem Falle der Versicherer nicht gleich dem Nehmer den Vorwurf des Betruges machen, so muß er auf Treu und Glauben als Versicherten annehmen, wen ihm der Nehmer schließlich als solchen zuführt.

Da bietet nun die Norm des § 782 eine gute Handhabe zur Identifizierung des Versicherungsobjekts: nur der Interessent ist versichert, der die Erteilung eines Auftrags nachweist (§ 883 HGB.). Hier kann der Versicherer leicht sich über die Berechtigung des Ersatzfordernden informieren.

Heute ist übrigens bei der Billigkeit der Prämien kaum noch ein Anreiz zu solchen Schiebungsmanövern gegeben, denen überdies die Schnelligkeit des modernen Transports und Nachrichtendienstes nicht Zeit zur Entwicklung läßt.

Gegenwärtig hat daher die Verpflichtung, den Mangel des Auftrags anzuzeigen, für den Versicherer nur noch die sekundäre Bedeutung, daß er jetzt nicht mit der Anzeigepflicht des Interessenten rechnen darf. Denn nur der Interessent, der Auftrag zur Versicherungsnahme gegeben oder sonst von ihr Kenntnis hat, ist gemäß Abs. 3 § 807 anzeigepflichtig.

4. Versicherungstechnisch ist die Bestimmung, daß der Versicherer die Ersatzgelder nur zu zahlen braucht, wenn der Versicherungsnehmer die Zustimmung (bezw. den Auftrag) des Versicherten nachweist, darüber vgl. den Text dieses Paragraphen weiter unten.

5. Schließlich ist noch versicherungstechnischer Natur das Verbot des Selbsteintrittsrechts, das die herrschende Meinung mit gutem Grunde dem Versicherungsnehmer nicht zugestehen will (Benecke-Nolte I S. 186, Ehrenberg, Versicherungsrecht S. 201, Voigt S. 55 f., vgl. auch Coulon-Houard Note 100 zu Art. 332, Desjardins Bd. 6 S. 192, Vivante, Goldschmidts Zeitsch. 39 S. 469 ff.).

Denn der Versicherungssuchende will nur mit gewerbsmäßigen Unternehmungen in Verbindung treten, die durch ihre Reservefonds genügende Sicherheit dafür bieten, daß sie jederzeit auch für größere Schäden sofort Ersatz schaffen können.

nehmen. Seine wesentlichste Besonderheit wäre eben nur versicherungstechnischer Natur.

Ehrenberg sagt nun (Versicherungsrecht S. 190, vgl. auch in Iherings Jahrb. 30 S. 424, 457):

„Jede Versicherung darf . . . in der Regel nur dem Interessenten zugute kommen. Die strenge Durchführung dieses Grundsatzes ist notwendig, um sowohl den Versicherer wie das Gemeinwohl gegen die verderblichen Wirkungen sogenannter Wettversicherungen zu schützen. Daher gilt der absolute, durch Parteiwillkür nicht abzuändernde Rechtssatz, daß aus einem durch Mittelspersonen abgeschlossenen Versicherungsvertrage nie ein anderer als der Versicherte berechtigt werden kann" . . . . . .

Ehrenberg stützt sich auf den Grundsatz der gesamten Schadensversicherung, der besagt, daß eine Versicherung nicht zu einer Bereicherung des Versicherten führen dürfe. Der Versicherte soll keinen Vorteil haben, wenn das versicherte Haus abbrennt oder das versicherte Schiff verloren geht. Er soll stets nur das ersetzt erhalten, was er beim Eintreten des Versicherungsfalles eingebüßt hat.

Infolgedessen kann nur der gegen eine bestimmte Gefahr Versicherung nehmen, dem aus dieser Gefahr ein Schadendroht, der ein Interesse daran hat, daß der Versicherungsfall nicht eintritt.

Ohne ein solches Interesse würde die Versicherung nicht nur zum wirtschaftlich bedeutungslosen, und des Rechtschutzes unwerten Spiele (Wette, Wettversicherung) ausarten, sondern sie würde auch zu einer Gefahr für die Allgemeinheit werden. Führt doch offenbar eine Wettversicherung in Versuchung, den Versicherungsfall künstlich herbeizuführen, also etwa das gegen Feuersgefahr versicherte Haus in Brand zu setzen, um bei Einziehung der Versicherungssumme einen Gewinn zu machen.

Der erste Satz des Versicherungsrechts besagt deshalb, daß Versicherungen[7]) nur soweit rechtswirksam sind, als der Ver-

---

[7]) mit Ausnahme der Personenversicherung, bei der besondere Garantien gegeben sind, übrigens auch ein Schadensnachweis nicht überall erbracht werden kann.

sicherte ein Interesse daran hat, daß der Versicherungsfall nicht eintritt.

Ein solches versicherbares Interesse fehlt nun offenbar dem Versicherungsnehmer bei der Versicherung für fremde Rechnung. Er bringt ja lediglich ein fremdes Interesse unter Versicherung.

Wollte man auch hier die Gefahr der Wettversicherung fernhalten, so wäre es ein einfacher Weg, wenn man nur dem Versicherten und Interessenten selbst erlaubte, die Versicherungsgelder einzuziehen.

Das läßt sich aber bei der Seeversicherung nicht wohl praktisch durchführen. Denn in vielen Fällen wohnt der Versicherte gar nicht am Orte, ja nicht einmal in dem Lande der Versicherungsnahme und besitzt dort außer dem Versicherungsnehmer keinen Vertreter, der seine Interessen gegenüber dem Versicherer wahrnehmen könnte.

Der Versicherte ist deshalb darauf angewiesen, sich in diesen Fällen der Hilfe des Versicherungsnehmers zu bedienen. Ihm selbst fehlt überdies in den meisten Fällen die nötige Geschäfts- und Rechtskenntnis, um die Auszahlung der Versicherungsgelder wirksam betreiben zu können. Auch würde seine Legitimation als Interessent Schwierigkeiten haben, namentlich dann, wenn, wie es oft geschieht, im Auslande Versicherung genommen ist und die Versicherungsgelder nur mit Hilfe der ausländischen Gerichte zu erlangen sind, in welchem Falle ihn auch im Prozesse die Rechtsnachteile des Ausländers treffen würden.

Kurz, der Versicherte ist aus praktischen Gründen genötigt, die Versicherungssumme durch den Versicherungsnehmer einziehen zu lassen.

Wenn aber das Recht so gezwungen ist, dem Versicherungsnehmer zu gestatten, die Versicherungsgelder einzustreichen, so ist offenbar die Gefahr, daß der Nehmer die eingezogenen Gelder nicht an den Interessenten abliefert (Gefahr der Wettversicherung), in dem Fall nicht größer, daß er die Gelder kraft eigenen Rechts einzieht, als wie wenn er nur in Ausübung des Rechtes des Interessenten handelt.

Die Rechtsnatur seiner Einziehungsbefugnis ist hierfür ohne Bedeutung. Es ist also nicht angängig, die unmittelbare Berechtigung des Interessenten gegenüber dem Versicherer zu begründen aus der versicherungstechnischen Notwendigkeit, die Gefahr der Wettversicherung zu vermeiden.

Um diese Gefahr fernzuhalten, sind andere Garantien geschaffen: nach Abs. 2 § 886 HGB. ist der Versicherungsnehmer zur Erhebung und Einklagung der Versicherungsgelder nur dann legitimiert, wenn der Versicherte dem zustimmt, oder wenn der Versicherte von vornherein Auftrag zur Versicherung gegeben hat.

Der Gesetzgeber geht mit Recht davon aus, daß der Versicherte, wenn er nur von der Versicherung weiß, seinerseits dafür sorgen wird, daß der Versicherungsnehmer die einkassierten Gelder ihm abliefert. Hierdurch trifft der Gesetzgeber genügend Vorsorge, daß nicht die Versicherung für fremde Rechnung im Erfolge zu einer Wettversicherung ausarte.

Danach ist die unmittelbare Berechtigung des Versicherten im Gebiete der Seeversicherung für fremde Rechnung nicht versicherungstechnischen Ursprungs, sondern — tertium non datur — Ausfluß einer von dem sonstigen Rechte abweichenden Behandlung des der Versicherung für fremde Rechnung zu Grunde liegenden Stellvertretungsverhältnisses.[8])

Diese Annahme wird nach meinem Dafürhalten zur Gewißheit, wenn wir uns erinnern, daß die unmittelbare Berechtigung des Interessenten nichts anderes ist als die theoretisch korrekte Folgerung, wie sie aus der zu Grunde liegenden Interessenlagerung gezogen werden mußte und wie sie in einer Reihe positiver Rechte tatsächlich durchgesetzt ist.

Unsere Auffassung wird weiter bestätigt durch die Tatsache, daß das HGB. nicht nur die unmittelbare Berechtigung des Versicherten und Interessenten anerkennt, sondern auch dessen unmittelbare Verpflichtung. Und zwar statuiert das Gesetz diese Haftung

[8]) Gegen die versicherungstechnische Natur dieses Rechtsvorganges auch Hellwig S. 552, Julius Gierke in Iherings Jahrb. Bd. 40 S. 385.

des Versicherten für den Fall, der praktisch von größter Wichtigkeit ist, ja bei einer reinen Geldschuld (Zahlung der Prämie) wohl allein in Frage kommt, das ist der Fall der Zahlungsunfähigkeit des Versicherungsnehmers § 812 Abs. 3.[9]) [10])

Nach englischem Rechte und dem wesentlich dem englischen Vorbilde folgenden Rechte der Vereinigten Staaten Nord-Amerikas ist jeder Interessent unmittelbar berechtigt, wenn die Versicherung für seine Rechnung genommen (intended) war. Einer Zession bedarf es nicht, wie dies Voigt und Lewis behaupten.[11])

---

[9]) Nach Preuß. Allgem. Landrecht kann der Versicherer stets „wenn er will" die Prämie von dem Kommittenten selbst fordern. II, 8 § 2106.

[10]) Nach Art. 1 Nr. IV des Entw. eines Ges. betr. Abänderung der Vorschrift des HGB. soll § 812 Abs. 3 wegfallen, weil er mit den Grundsätzen des BGB. nicht im Einklang steht.

Dagegen Sieveking GZ. 55 S. 154 mit der m. E. zutreffenden Motivierung, der Vers. Vertrag sei ein gegenseitiger Vertrag, die unmittelbare Verpflichtung des Versicherten deshalb eine notwendige Konsequenz seiner unmittelbaren Berechtigung.

[11]) Voigt S. 34, Lewis, Lehrbuch S. 138.

In den englischen Policen findet sich regelmäßig (so in den Policenformularen des größten Versicherungsinstituts: Lloyd's underwriters) folgende sog. Assignement-Klausel:

Be is known, that ... A, B. & Co. (= Firma des Versicherungsnehmers) as well in their own names, as for and in the name of all and every other person or persons, to whom the same doth, may, or shall appertain ... do make assurance and cause themselves and them and every of them to be insured. (Vgl. Arnould on the law of Marine Insurance 7. Aufl. London 1901, S. 18, [6. Aufl. S. 107], über weitere Zusätze William Gow Marine Insurance a handbook, London 1900 S. 32.)

Ohne die durch Sperrdruck hervorgehobenen Worte (sog. Assignementklausel) könnte niemand außer dem in der Police genannten oder dessen Auftraggeber („his principal") Vorteil aus der Police ziehen (Arnould I S. 19.).

Der Versicherte (Interessent) kann auch im eigenen Namen klagen. Dies erhellt aus einem 1868 erlassenen Gesetze betreffend die Zession des Versicherungsanspruches (31/32 Vict. c. 86). Das Gesetz sagt, daß dem Zessionar gegenüber dieselben Einreden zulässig seien, wie wenn the said action had been brought

Eine andere Stellungnahme des englischen Rechts wäre ja auch um deswillen verwunderlich, weil dieses Recht ganz allgemein auch dem gewöhnlichen Kommittenten unmittelbaren Rechtserwerb zugesteht (vgl. oben § 7 a. E).

Ebenso tritt in Frankreich die überwiegende Meinung für eine unmittelbare Berechtigung des Versicherten ein (Coulon-Houard Note 79 u. 89 zu Art. 332, Lyon-Caen Bd. 6 S. 261, Entscheidung des Kassationshofes in Revue internationale du droit maritime von C J Autran 3. Jahrg. S. 659).

Hingegen wird weder nach französischem noch nach englischem Rechte der Versicherte dem Versicherer für die Zahlung der Prämie verpflichtet.[12])

Die Haltung des englischen Rechts, das den Versicherten nur, wenn er dolos gehandelt oder einen Dolus des Nehmers geduldet hat, für Zahlung der Prämie verantwortlich macht,[13]) ist m. E. leicht zu verstehen. In den Policen findet sich nämlich regelmäßig folgende Erklärung der Versicherer (receipt clause):

„confessing ourselves paid the Consideration due unto us" (Lloyd's Police).

Der Grund für die Aufnahme dieser Klausel ist offenbar der,

---

in the name of the person by whom or for whose account — dieser entscheidende Passus fehlt bei Voigt S. 34 — the policy sued upon was effected.

Vgl. Arnould I S. 19 II S. 1446 und für das amerikanische Recht, Philipps, W. A treatise on the law of insurance 5. Aufl. New-York 1867. Chap. XXII S. 580.

[12]) Für das französische Recht, bei dem übrigens vieles streitig ist, und manche Autoren für eine Mithaftung des Versicherten bei der Versicherung pour compte eintreten, vgl. Lyon-Caen Bd. 6 S. 415, s. auch die Note das., Coulon-Houard Note 82, 85, 87, 88 zu Art. 332. Desjardins Bd. 6 S. 142f. 147; Bd. 7 S. 12.

[13]) Charles MacArthur, The Contract of Marine Insurance, London 1885 S. 36, M. D. Chalmers and Douglas Owen, A digest of the law relating to Marine Insurance London 1901, S. 62, Arnould. S. 31/32, Rich. Lowndes, A practical treatise ou the law of Marine Insurance, London 1881 S. 60.

daß der Erwerber einer Police möglichst gegen eine Gegenforderung seitens der Versicherer geschützt werden soll. Die Police ist kein wahres Orderpapier, obwohl sie gewöhnlich an Order gestellt wird. Sie kann es nicht sein, denn der Versicherungsanspruch kann aus versicherungstechnischen Gründen (Vermeidung der Wettversicherung, Durchführung der Anzeigepflicht) nicht zu einem rein papiermäßigen, absoluten Summenanspruch werden.

Gleichwohl sucht der überseeische Handel den Policengläubiger nach Möglichkeit sicherzustellen und die Police einem echten Orderpapiere zu nähern.

Das überseeische Geschäft vollzieht sich nämlich gewöhnlich in der Art,[14]) daß der Verkäufer auf den Käufer einen Wechsel zieht. Mit dieser von dem Käufer zu akzeptierenden Tratte wird dann zu dessen Sicherheit diesem zugleich das Konossement und die Police über die für Käufer verladenen Waren eingesandt.

Alle drei Papiere (Wechsel, Konnossement und Police) sind gleichmäßig an Order gestellt, und es ist natürlich, daß der Kaufmann wünscht, daß diese Orderqualität in allen drei Fällen, um Täuschungen zu vermeiden, möglichst gleiche Sicherheit gewähren solle. Daher sucht der Handel im Interesse des Käufers auch der Police nach Möglichkeit wahre Orderfunktion beizulegen und jeden Einwand und jede Gegenforderung gegen den Versicherungsanspruch auszuschließen.

So erklärt sich die Stellungnahme des englischen und auch wohl die des französischen Rechts, insofern beide einen direkten Prämienanspruch gegen den Versicherten und Inhaber der Versicherungspolice nicht zulassen. Es hat hier eben ein Einbruch des Rechts der Wertpapiere in das gewöhnliche Stellvertretungsrecht stattgefunden und dessen Regeln modifiziert. Den gleichen Vorgang haben wir bereits im englischen Stellvertretungs-

---

[14]) Vgl. L'assurance maritime et les Polices à ordre ou à porteur par Louis Frank in der Revue internationale du droit maritime 14. Jahrg. (1898/99) S. 412 ff.

recht beobachtet (oben Note 8 zu § 8) und sehen ihn weiter unten im deutschen Seeversicherungsrecht wiederkehren (§ 11, I, 1).

Soviel über die grundlegenden Normen der Seeversicherung für fremde Rechnung im deutschen und dem interessierenden ausländischen Rechte. Weiteres läßt sich an dieser Stelle ohne Kenntnis eines größeren Details nicht wohl sagen. Ich muß aber den Leser bitten, mit mir noch tiefer in die Einzelheiten unseres Instituts einzudringen, weil gerade in der Gestaltung des einzelnen erst recht plastisch und lebendig vor Augen tritt, wie weitgehend die Annäherung an unsere Prinzipien ist und wie leicht diese der Gesetzgeber in positive Normen umgesetzt hat.

b) Die Ausgestaltung der Versicherung für fremde Rechnung im einzelnen.

§ 11.

I. Wir betrachten zunächst die unmittelbare Berechtigung des Versicherten und die Folgerungen, die das Gesetz aus ihr gezogen hat.

1. Dem Versicherungsnehmer fällt neben dem alle Vertragsrechte in seiner Person vereinigenden Versicherten lediglich die Rolle eines bloßen Empfangsbevollmächtigten zu. Der Nehmer wird zu einem einfachen Vertreter und Verfüger, wie wir das oben ganz allgemein für die indirekte Stellvertretung entwickelt haben. Der Nehmer ist, wie das Gesetz sagt (§ 886), „ohne Beibringung einer Vollmacht des Versicherten legitimiert, über die Rechte, die im Versicherungsvertrage für den Versicherten ausbedungen sind, zu verfügen, sowie die Versicherungsgelder zu erheben und einzuklagen.[1]) Diese Vorschrift gilt jedoch im Falle

[1]) Hellwig S. 576 will trotz des m. E. jede andere Deutung ausschließenden Wortlauts des § 886 dem Nehmer eigene Rechte zugestehen, um seine Konstruktion der Versicherung für fremde Rechte als eines Vertrages auf Leistung an Dritte zu halten.

der Erteilung einer Police nur dann, wenn der Versicherungsnehmer die Police beibringt."

Danach steht der Nehmer nicht etwa, wie das Hellwig S. 584 ff. annimmt, zusammen mit dem Versicherten dem Versicherer als Gesamtgläubiger gegenüber.

Ich möchte dies besonders hervorheben, weil m. E. die Annahme einer Gesamtgläubigerschaft der rechtlichen Situation nicht Genüge tut. Denn die Gesamtgläubigerschaft gibt dem einzelnen Gläubiger nicht das Recht, seinen Gläubigergenossen zu vertreten Wäre der Versicherungsnehmer ein Gesamtgläubiger, so würde er nicht mit Wirkung für den Versicherten kündigen, mahnen und die Verjährung durch Klageerhebung unterbrechen können, vgl. §§ 425, 429 BGB. Gerade hierin liegt aber ein nicht unwichtiger Teil der Aufgaben des Nehmers. Ist es doch nicht zum wenigsten diese seine ohne weiteres gegebene Vertretungsbefugnis, die den Versicherungssuchenden zur Versicherung für fremde Rechnung führt. [2])

Ferner widerspricht der Konstruktion Hellwigs, daß der Versicherer nach § 890 HGB. nicht in der Lage ist, sich durch Aufrechnung mit seinen Forderungen gegen den Nehmer auch dem Versicherten gegenüber zu befreien, wozu er bei einer Gesamtgläubigerschaft nach §§ 422, 429 BGB. befugt wäre.

Der Nehmer kann die Rechte des Versicherten im eigenen Namen geltend machen. [3]) Im Prozesse ist er dann allein Partei. Nur seine Person ist für die Frage der Staatsangehörigkeit (Sicherheitsleistung) maßgebend, ihm werden Eide zugeschoben, er ist unfähig, als Zeuge vernommen zu werden, er allein wird gegebenenfalls in die Prozeßkosten verurteilt usw.

Der Versicherungsnehmer kann aber auch überall im Namen des Versicherten auftreten.

---

[2]) Vgl. auch Revue internat. 15 S. 685. (Ausdrückliche Feststellung dieser Vertretungsbefugnis in einer italienischen Entscheidung.)

[3]) So die herrschende Meinung in Theorie und Praxis. Vgl. Cosack, Handelsrecht § 139 II, 2 S. 723, Hellwig, S. 576f., ROHG. bei Seuff. Arch. 29, 170, RG. daselbst 47, 223. A. M. Ehrenberg, Versicherungsrecht S. 467.

Über Dauer und Umfang der dem Nehmer zustehenden Verfügungs- und Vertretungsmacht sind die Meinungen geteilt.

Ehrenberg, Versicherungsrecht S. 192, hält die Legitimation des Versicherten vor dem Eintreten des Versicherungsfalles für unbeschränkt. Nach meinem Dafürhalten ändert aber auch die Entstehung eines Schadens hieran nichts. Der Nehmer kann auch jetzt einen Vergleich abschließen oder gar auf den ganzen Versicherungsanspruch verzichten, ohne einer besonderen Ermächtigung des Versicherten dem Versicherer gegenüber zu bedürfen.

Wenn das Gesetz (§ 886) die Erhebung und Einklagung der Versicherungsgelder von einer Zustimmung des Versicherten abhängig macht, so geschieht das nicht um deswillen, weil der Versicherungsfall eingetreten ist und mit ihm die angebliche Beschränkung der Nehmervollmacht. Diese Norm hat, wie wir schon wissen, einen ganz speziellen versicherungstechnischen Grund,[4]) der für andere Rechtshandlungen nicht zutrifft.

Über den Umfang der Legitimation den Zeitpunkt des Schadenseintritts entscheiden zu lassen, ist auch praktisch kaum durchzuführen. Während die Gefahr läuft, können die Beteiligten gerade bei der Seeversicherung nie wissen, ob nicht ein Schaden bereits eingetreten ist, ob nicht inzwischen das versicherte Gut ein Opfer der Elemente geworden ist.

Die Verfügungs- und Vertretungsmacht des Nehmers ist nicht auf sein Verhältnis zum Versicherer beschränkt. Er ist in gleicher Weise Dritten gegenüber legitimiert. So kann er Dritten gegenüber die Rechte des Versicherten wahrnehmen, sowie diese Rechte an Dritte abtreten.[5]) Das ergibt die keine Einschränkung machende Fassung des zitierten § 886 Abs. 1 und Satz 2 von § 891.[6])

---

[4]) Vgl. das oben § 10 S. 76 gesagte (Gefahr der Wettversicherung).

[5]) A. M. Ehrenberg, Jhering Jahrb. 30 S. 471.

[6]) Dieser lautet:

„Ist die Police nach § 363 Abs. 2 an Order gestellt, so ist bei der Versicherung für fremde Rechte zur Gültigkeit der ersten Übertragung das Indossament des Versicherungsnehmers genügend."

Der Versicherungsnehmer ist ferner nicht nur Vertreter des ursprünglich versicherten. Er ist auch berufen, dessen Rechtsnachfolger und Zessionare zu vertreten. Deren Interesse und ebenso das Interesse des Versicherers verlangt die Aufrechterhaltung der für alle Beteiligten so bequemen und zweckentsprechenden Legitimation des Nehmers. Namentlich muß eine Zahlung an den Nehmer stets den Versicherer von seiner Schuld befreien, es sei denn, daß dem Nehmer seine Vertretungsbefugnis durch einen besonderen Akt, so namentlich durch Entziehung der Police genommen ist.

Beschränkt ist die Legitimation des Nehmers insofern, als sie nur „die im Versicherungsvertrage für den Versicherten ausbedungenen Rechte“ umfaßt. Namentlich ist der Nehmer nicht befugt, über den Versicherungsgegenstand selbst zu verfügen.[7]) Er darf beispielsweise die versicherten Waren nicht verkaufen.[8])

2. Mehr konsequent als billig erscheint auf den ersten Blick eine weitere Folgerung, die das Gesetz aus der unmittelbaren Berechtigung des Versicherten zieht.

§ 890 HGB. sagt:

„Wird der Versicherer auf Zahlung der Versicherungsgelder in Anspruch genommen, so kann er bei der Versicherung für fremde Rechnung Forderungen, die ihm gegen den Versicherungsnehmer zustehen, nicht aufrechnen.“ [9])

Danach kann der Versicherer in keinem Falle mit der Prämienforderung — das ist der praktisch wichtigste Fall — kompensieren, mag nun der Versicherte oder der Versicherungsnehmer den Ersatzanspruch geltend machen.

---

[7]) Ebenso Ehrenberg, Jherings Jahrbücher Bd. 30 S. 471.

[8]) A. M. H. Makower, HGB. mit Kommentar, Bd. 2 zu § 886 in Anlehnung an Prot. S. 4441.

[9]) Ebenso die Hamburger Allgem. Seeversf.Bed. § 151. Die Bremer Vers. Bed. § 41 Abs. 3 lassen hingegen eine Aufrechnung mit der Prämienforderung zu.

Hellwig will (S 590) trotz des klaren Wortlauts von § 890 die Aufrechnung gegenüber dem Nehmer zulassen. H. erklärt die entgegengesetzte Auffassung für unrationell (dagegen vgl. das weiter unten im Text Gesagte) und für eine Wortinterpretation.

Stellen wir uns lediglich auf den Standpunkt juristischer Folgerichtigkeit, so läßt sich gegen diese Entscheidung nichts einwenden, denn die Aufrechnung setzt überall ein gegenseitiges Schuldverhältnis voraus, das hier fehlt. Gläubiger der Ersatzforderung ist der Versicherte, Schuldner der Prämienforderung der Versicherungsnehmer.

Ich meine aber, man darf sich niemals mit einer solchen bloß formalen Gerechtigkeit begnügen, wo wie hier der Zweifel besteht, ob sie nicht materielles Unrecht schafft. Denn es erscheint als unbillig, daß dem Versicherer unterbunden ist, Schuld und Forderung aus demselben Vertragsverhältnis gegeneinander aufzurechnen.[10])

Wir dürfen jedoch nicht aus dem Auge lassen, daß der Versicherte und Interessent gewöhnlich Inhaber einer Police ist, und wir müssen uns erinnern (vgl. oben § 10 a. E.), daß der Verkehr dahin drängt, soweit angängig, den Policengläubiger so sicher zu stellen, wie den aus einem echten Wertpapier berechtigten: Einreden gegenüber dem Policeninhaber sollen nach Möglichkeit beschränkt werden. In diesem Bestreben findet nun m. E. auch die Ausschließung der Aufrechnung ihre innere Begründung,[11]) wenngleich sie richtiger auf Order und Inhaberpolicen beschränkt würde.[12])

---

[10]) Dieses Ergebnis ist übrigens nach den oben § 5 entwickelten allgemeinen Stellvertretungsprinzipien nicht möglich. Dort ist der Interessent selbst Hauptschuldner. Die Forderungen des Dritten aus dem Vertrage können also ohne weiteres aufgerechnet werden.

[11]) Sieveking (Goldschmidts Zeitschr. 55 S. 157) will deshalb gegen die geplante Seeversicherungsnovelle die Norm des § 890 beibehalten wissen.

[12]) Das von der Einrede der Aufrechnung gesagte gilt auch von dem Zurückbehaltungsrecht aus § 273 BGB. und § 369 HGB.

Wo die Aufrechnung ausgeschlossen ist, muß es auch das Zurückbehaltungsrecht sein. Sonst würde der von dem Gesetzgeber im § 890 HGB. verpönte Erfolg doch eintreten: der Versicherte würde infolge der Gegenforderung des Versicherers keine Zahlung erhalten. Es kann aber hierbei keinen Unterschied machen, ob sein Anspruch an einem Aufrechnungs- oder an einem Zurückbehaltungsrechte scheitert.

3. Die unmittelbare Berechtigung des Versicherten kommt schließlich auch dem Versicherer zugute.

Nicht selten nämlich hat der Versicherte, dem der Versicherer einen entstandenen Schaden ersetzen muß, wegen dieses Schadens gleichzeitig einen Ersatzanspruch gegen einen Dritten. Z. B. das versicherte Schiff wird dadurch beschädigt, daß ein fremder Dampfer infolge leichtfertiger Navigierung mit dem Schiff kollidiert. Der Reeder des fremden Dampfers haftet jetzt für allen Schaden, der aus dem Zusammenstoß entsteht. Oder jemand, der Waren versichert hat, hat bei einer Vernichtung seiner Waren einen Ersatzanspruch gegen den Reeder des Schiffes, dem er seine Waren anvertraut hat.

In allen diesen Fällen kann der Versicherer auf Grund eines allgemeinen Rechtsprinzipes (vgl. § 255 BGB.) verlangen, daß der Anspruch gegen den Dritten insoweit auf ihn übergeht, als er Ersatz leistet.

Hier läßt sich also das Prinzip aus § 255 leicht durchführen, während das geltende Recht mittelbarer Stellvertretung, wie wir gesehen haben, die Übertragung der Ansprüche tatsächlich ausschließt, weil der Interessent, der regelmäßig allein von Dritten Schadensersatz begehren kann, aus dem Außenvertrage nicht berechtigt wird.

Die durch das Seeversicherungsrecht geschaffene feinere Rechtslage läßt hingegen der Anwendung des Prinzipes freien Spielraum, und es hätte gegenüber der allgemeinen Norm des § 255 BGB. gar nicht der besonderen Bestimmung des § 804 HGB. bedurft, der den Übergang der Schadensersatzansprüche auf den Versicherer noch speziell für das Seeversicherungsrecht feststellt.[13])

Deshalb schließt das Gesetz mit der Aufrechnung implicite auch das Zurückbehaltungsrecht aus.

[13]) Allerdings geht § 804 HGB. etwas weiter als § 255 BGB., indem er praktischerweise die Rechte des Versicherten gegen Dritte ipso jure auf den Versicherer übergehen läßt, ohne daß es wie nach § 255 einer dahinzielenden Abtretung bedarf.

Vgl. auch die feinere Ausgestaltung, die das Seeversicherungsrecht in den

II. Wir wenden uns der unmittelbaren Verpflichtung des Versicherten zu.

1. Diese besteht nach dem HGB. nur für den Fall, daß der Versicherungsnehmer zahlungsunfähig geworden ist. Da dieser Fall aber gerade der praktisch bedeutsamste, ja der allein in Frage kommende ist, so erscheint es mir ohne Bedeutung, daß der Versicherte im übrigen nicht haftet.

Allerdings bleibt auffallend, weshalb das Gesetz nicht prinzipiell den Versicherten zum Hauptschuldner erhebt, wie das doch der Interessenlage entspricht, wenn unsere Ausführungen zu § 5 recht haben.

Hier ist aber mehreres zu bedenken. Einmal lag kein Bedürfnis nach einer so feinen Differenzierung der rechtlichen Behandlung vor. Die Schuld des Versicherten ist eine bestimmte Geldschuld.

Ein solches Schuldverhältnis wird durch die persönlichen Verhältnisse und durch das Verhalten des Schuldners kaum berührt: Ein Unvermögen zur Leistung kann nicht wohl eintreten, ein Verschulden des Schuldners kann keinen Einfluß auf den Inhalt der Schuld gewinnen. Geschuldet wird eben immer nur die feste Prämie. Alle die Momente, deren Berücksichtigung uns oben § 5, II 1 dahin führte, den Interessenten für den Hauptschuldner, den Vermittler für einen nur akzessorisch mithaftenden zu erklären, treten hier nicht hervor mit einer Ausnahme, von der gleich die Rede sein wird.

Ferner wollen wir uns auch hier erinnern, wie sehr die Stellung des Versicherten dadurch beeinflußt wird, daß er regelmäßig Inhaber einer Police ist, und daß der Verkehr infolgedessen danach trachtet, ihn vor allen Gegenforderungen seitens des Versicherers wie einen echten Wertpapiergläubiger sicher zu stellen. Gerade diese Tendenz des

---

§§ 804, 822, 837, 839 HGB. dem Prinzip im einzelnen gegeben hat (Verpflichtung des Versicherten, den Versicherer in der Durchsetzung seiner Ansprüche gegen den Dritten zu unterstützen, Verantwortlichkeit des Versicherten für Beeinträchtigung der Ansprüche usw.).

Rechtes der Wertpapiere macht sich hier bemerklich. Sie hat dem reinen Auskristallisieren des Stellvertretungsrechts Abbruch getan.

Gleichwohl ist der Gedanke bloß akzessorischer Mithaftung auch an dem Seeversicherungsrechte nicht spurlos vorübergegangen. Das erkennen wir, wenn wir ins Auge fassen, welche Stellung das Seeversicherungsrecht eingenommen hat gegenüber einem Irrtum des Versicherten beim Abschluß des Vertrages. Nach § 895 HGB. ist es nämlich nicht nur von Einfluß auf die Verpflichtung des Versicherten selbst, sondern auch auf die des Nehmers, wenn der Versicherte beim Vertragsschlusse irrtümlicherweise das Vorhandensein eines versicherbaren Interesses annahm. Auch der Nehmer braucht jetzt keine Prämie zu bezahlen, sondern nur eine sog. Ristornogebühr, vorausgesetzt, daß er „in gutem Glauben" war.

Das Seeversicherungsrecht behandelt einen Irrtum des Versicherten gerade so, als wenn ein Fall direkter Stellvertretung vorliege und § 166 BGB. Anwendung finde, so daß in diesem Punkte wiederum erfüllt ist, was wir oben § 5 für jede mittelbare Stellvertretung gefordert haben.

Denn in der Tat läßt das Gesetz eine Anfechtung schon dann zu, wenn bloß der Interessent und Versicherte im Irrtum war. Zwar spricht § 895 an keiner Stelle von einer Anfechtung. Aber läuft es nicht im Resultat auf den Erfolg der Anfechtung hinaus, wenn § 895 cit. bei irrtümlicher Annahme eines versicherbaren Interesses dem Versicherungsnehmer das Recht gibt, die Prämie zurückzufordern, bezw. wenn er sie noch nicht gezahlt hat, die Zahlung der Prämie zu verweigern?

Dem Versicherer bleibt überall nur eine sog. Ristornogebühr, welche die Funktion des vom Anfechtenden zu vergütenden negativen Vertragsinteresses versieht, nur daß ihr Betrag praktischerweise gleich von vornherein auf eine bestimmte Summe fixiert ist ($^1/_2$ % der Versicherungssumme, eventuell $^1/_2$ der Prämie § 894 Abs. 2).

Ich habe bereits oben (zu § 5) gesagt, daß diese Entscheidung des Seeversicherungsrechts mir als eine besonders glückliche erscheint und als der Behandlung desselben Problems in § 166 BGB. — zum wenigstens in der Formulierung — überlegen.

Denn nach § 166 Abs. 2 gewinnt es den Anschein, als ob eine Anfechtung nur statthaft sei, wenn auch der Stellvertreter selbst im Irrtum befangen war. Diese Voraussetzung ist aber offenbar zu eng. Denn der für Rechnung eines anderen handelnde Vertreter wird sich häufig gar nicht um die Sachlage kümmern, sondern einfach nach Maßgabe des ihm gewordenen Auftrags handeln. War dann sein Auftrag irrtümlich erteilt, so braucht der Stellvertreter, wenn er diesem Auftrage gemäß abschließt, deshalb nicht notwendig ebenfalls im Irrtum zu sein.

Wesentlich ist nur, daß er nicht den Irrtum des Versicherten erkennt und gleichwohl abschließt mit dem Hintergedanken, daß er auf Grund des Irrtums des Interessenten das Vertragsverhältnis lösen wolle, wenn es sich hinterher als nicht nutzbringend erweise. Einer derartigen Unlauterkeit darf das Gesetz keinen Vorschub leisten. Deshalb darf der Stellvertreter sich in einem solchen Falle nicht auf den Irrtum des Interessenten berufen, und diesen Gedanken bringt § 895 HGB. treffender zum Ausdruck als § 166 Abs. 2 BGB., wenn er sagt, der Versicherungsnehmer müsse im guten Glauben gewesen sein.

Jedenfalls — und das war der Grund, schon hier die Behandlung des Irrtums heranzuziehen — vermag ein Irrtum lediglich auf seiten des Versicherten die Prämienschuld des Versicherungsnehmers und damit die Prämienschuld überhaupt aufzuheben. Damit hat das Versicherungsrecht einen merklichen Schritt auf dem Wege getan den Versicherten nicht nur in den Mittelpunkt der aus dem Versicherungsvertrage hervorgehenden Rechte, sondern auch der durch ihn begründeten Pflichten zu stellen. Wir nähern uns der Auffassung, die in dem Versicherten und Interessenten den Hauptschuldner, in dem Versicherungsnehmer und Vermittler einen nur akzessorisch mitverhafteten sieht.

2. Weiter kehrt bei der näheren Ausgestaltung der unmittelbaren Haftung des Versicherten ein Gedanke wieder, den wir oben

ganz allgemein für jedes Vermittlungsverhältnis entwickelt haben: der Versicherte wird von seiner Haftung befreit, wenn er die Prämie an den Versicherungsnehmer gezahlt hat (§ 812 Abs. 3 HGB.). [14])

Was also der Versicherte an den Versicherungsnehmer zahlt, das gilt dem Versicherer geleistet, und umgekehrt zahlt der Versicherer an den Nehmer mit voller Wirkung für und gegen den Versicherten. In beiden Fällen wirkt Zahlung an den Nehmer schuldbefreiend, mag dieser die Gelder hinterher abliefern oder nicht. Für ein Verschulden des Nehmers steht keiner von beiden Teilen ein. Das entspricht ganz dem oben § 5 zu 2a abgeleiteten [15]).

3. Der Versicherungsnehmer haftet auch dann aus dem Versicherungsvertrage, wenn er weder zur Vertragschließung beauftragt war (§ 782 Abs. 4), noch der Interessent hinterher der Versicherungsnahme zugestimmt hat (§ 782 Abs. 3).

Man wird sofort an die Bestimmung des § 179 Abs. 1 BGB. erinnert, gemäß deren ein (direkter) Vertreter dem „Dritten“ selbst haftet, wenn er ohne Vertretungsmacht gehandelt hat, wobei zu bedenken ist, daß bei der mittelbaren Stellvertretung der Auftrag überall die Funktion der Vollmacht und Vertretungsmacht versieht. (Vgl. oben S. 30.) Unserer zu § 5, I 3 oben gestellten Forderung nach analoger Heranziehung dieses Grundsatzes hat also ebenfalls das Seeversicherungsrecht zu seinem Teile bereits Genüge getan.

III. „Der Wille, die Wissenschaft, der etwaige Dolus des Interessenten und Auftraggebers (Versicherten) üben entscheidenden Einfluß auf den Bestand des Vertrages aus.“ (Voigt-Seebohm S. 29).

---

[14]) Das Gesetz sagt: wenn der Versicherungsnehmer die Prämie „erhalten“ hat. Die Übersendung der Gelder geschieht also hier wie bei allen Geldschulden auf Gefahr des Schuldners.

[15]) Für das amerikanische Recht vertritt James Kent, Commentaries on American law, Boston 1873, Vol. III Sect 260 S. 359 den noch weitergehenden Satz, daß der Nehmer „the mutual agent“ beider Teile, des Versicherten und des Versicherers sei.

Das englische Recht spricht ebenfalls von einer „agency“ des Nehmers auch dem Versicherer gegenüber (Arnould S. 144).

Diese Berücksichtigung der Person des Versicherten geschieht. sowohl in seinem Interesse wie in dem des Versicherers Ersteres haben wir bereits an einem wichtigen Falle erfahren. Wir haben gesehen, daß ein Irrtum lediglich auf seiten des Versicherten zur Vernichtung der Prämienschuld führen kann. Für die rechtliche Beachtung der persönlichen Verhältnisse des Versicherten, seiner Kenntnisse und seines Verhaltens zugunsten des Versicherers sei mir gestattet, noch einige Beispiele beizubringen.

Da ist zunächst der Versicherte gehalten, dem Versicherer alle für die Beurteilung des Risikos wesentlichen Umstände, die ihm bekannt sind, mitzuteilen (Anzeigepflicht, § 807 Abs. 1, vgl. auch Abs. 2). Verabsäumung dieser Verpflichtung macht den Vertrag für den Versicherer unverbindlich. (§ 808, vgl. auch § 809 HGB.). Weiter ist der Versicherer nicht an den Vertrag gebunden, wenn der Versicherte zur Zeit der Versicherungsnahme wußte, daß ein Schaden bereits eingetreten war. (§ 785 Abs. 4).[16]) Schließlich haftet der Versicherer nicht, wenn der Versicherte hinterher eine erhebliche Änderung des von dem Versicherer übernommenen Risikos veranlaßt oder duldet (§§ 813—816 HGB.).

Wenn nun auch in allen Fällen die einseitige Unverbindlichkeit des Vertrages versicherungstechnischen Gründen entspringt, so geschieht doch die Heranziehung der Person des Versicherten auf Konto des Stellvertretungsverhältnisses, das überall eine Berücksichtigung der Person des Interessenten, seiner Kenntnisse usw. er-

---

[16]) Das französische Recht stellt diesen Dolus des Versicherten und andere Fälle von Dolus auf seiner Seite dem Dolus des Nehmers gleich. Coulon-Houard Note 13 zu Art. 357.

In England erhält der Versicherer, wenn der Versicherte dolos gehandelt oder auch nur einen Dolus des Nehmers geduldet hat, ausnahmsweise einen direkten Anspruch auf Zahlung der Prämie gegen den Versicherten, während er seinerseits nicht haftet. (Mac Arthur S. 36.) Ist die Prämie bezahlt, so findet kein Ristorno statt (Arnould S. 1423).

heischt, wenn anders unsere Ergebnisse im Abschnitt II und III oben nicht fehlgehen.[17])

Suchen wir, nachdem wir das Bild der Versicherung für fremde Rechnung in allen Einzelheiten aufgenommen haben, nach einem abschließenden Urteil, so glaube ich, wir dürfen feststellen, daß sich die frühere Behauptung bewahrheitet hat: die Versicherung für fremde Rechnung ist nur ein besonderer Fall mittelbarer Stellvertretung. Ihre rechtlichen Besonderheiten erklären sich dadurch, daß bei ihr nicht, wie im übrigen Rechte, eine falsche Doktrin, eine natürliche, der Interessenlage entsprechende Bildung des Rechts verhindert hat. Ihre Besonderheiten sind also genau besehen Vorzüge. Das Recht mittelbarer Stellvertretung zeigt sich im Stadium vorgeschrittener Entwicklung, und darum finden wir in ihr unsere oben abgeleiteten Prinzipien samt ihren Folgesätzen in denkbar vollkommener Weise bestätigt.

---

[17]) Anders ist z. B. nach den m. E. überzeugenden Ausführungen Hellwigs die Rechtslage bei den Verträgen auf Leistung an Dritte. Hier hat selbst ein Dolus des Begünstigten keinen Einfluß auf die Haftung des Promittenten (Hellwig a. a. O. S. 286ff.)

V. Schlußwort über Rechtsbildung und die Berechtigung der realen Methode.

§ 12.

Nicht auf die eigentümliche, im Rechtsleben nicht wiederkehrende Erscheinung möchte ich zum Schluß die Aufmerksamkeit lenken, daß in dem geltenden Rechte ein- und dasselbe Institut mittelbarer Stellvertretung in verschiedenen Phasen der Entwicklung wiederkehrt.

Es ist eine andere, hiermit eng zusammenhängende Frage, die eine Antwort fordert.

Ist nämlich der Leser geneigt, mit mir in der Versicherung für fremde Rechnung in der Tat nichts anderes zu sehen als ein fortschrittlich gebildetes Stellvertretungsverhältnis mit versicherungstechnischen Zutaten, so wird er fragen:

Wie ist es zu erklären, daß gerade das Seeversicherungsrecht allen anderen Rechten vorangeschritten und allein bis zu den letzten richtigen Konsequenzen vorgedrungen ist?

Mir scheint, wir stoßen hier auf eine Frage von allgemeinem Interesse, die geeignet ist, uns einen Einblick in den Werdeprozeß des Rechts selbst zu verschaffen.

Da ist nun zunächst festzustellen, daß die Entwicklung des Seeversicherungsrechts nicht das Resultat eines zielbewußten Schaffens a priori ist. Nicht in den Prinzipien hat dieses Recht den Meißel angesetzt, sondern es hat den einzelnen Rechtssatz nach seinem

Bedürfnis gebildet und nur durch fortgesetzte Umgestaltung und Verbesserung des einzelnen hat es schließlich rückwirkend ganze Rechtsinstitute zu einer höheren Stufe der Entwicklung gehoben.

Wir fragen weiter: was hat nun gerade das Seeversicherungsrecht zu einer so feinen Ausbildung des Details befähigt?

Der Grund ist, soviel ich sehe, ein recht realer. Es ist die enge Verknüpfung zwischen dem finanziellen Erfolge des Versicherungsgeschäfts und der Beschaffenheit des Versicherungsrechts. Je natürlicher nämlich das Recht der Interessenlage sich anschmiegt und je weniger es infolgedessen den Geschäftsmann hemmt, ihm Umstände macht und Anlaß gibt zu Zeit und Geld kostenden Prozessen, desto mehr ist dieser gerüstet, den hier internationalen Wettbewerb zu bestehen. Kennt doch das Versicherungsgeschäft weder Zölle noch sonstige staatliche Schranken. Es konkurrieren also nicht nur alle Versicherungsgeschäfte mit einander, sondern mit und in ihnen auch alle Versicherungsrechte, so daß ein gutes Versicherungsrecht ein nicht geringer Faktor für den Erfolg im internationalen Wettkampfe ist. Und welches Recht dem Geschäftsmann am besten dient, das vermag er wie kein anderer zu erkennen. Er besitzt ein empfindliches Organ für die Vorzüge und Mängel des Rechts an dem geschäftlichen Erfolge seines Unternehmens.[1])

Hinzukommt, daß gerade dem Versicherer ein besonderes Mittel zu Gebote steht, um rasch das Gute durch das Bessere zu ersetzen. Gemeint sind die sog. Versicherungsbedingungen, welche gewisse Verbände der Versicherer aufzustellen pflegen. Durch sie übt der Versicherungsunternehmer eine Art privater Gesetz-

[1]) Welchen Anreiz das finanzielle Interesse der wissenschaftlichen Forschung geben kann, sehen wir anch in anderen Wissensgebieten. So wird der Physiker oder Chemiker nicht selten wesentlich gefördert, wenn die Technik sich seiner Probleme bemächtigt.

In dem Versicherungsgeschäft haben wir nun auch — ein seltener Fall — eine Art juristischer Technik vor uns, die bestimmte, stets wiederkehrende Fragen im finanziellen Interesse immer besser zu lösen sucht.

gebung aus und beherrscht dadurch zunächst tatsächlich das Vertragsrecht in mehr oder minder großem Umfange und beeinflußt zugleich die staatliche Gesetzgebung, die jene Bedingungen nicht selten zur Unterlage ihrer Schöpfungen wählt.

Nun sollte man allerdings meinen, daß die Verknüpfung des Rechts mit rein geschäftlichen Interessen für die Rechtsbildung lediglich eine schwere Gefährdung bedeute, und daß das Recht leicht ein Opfer einseitiger Interessenverfolgung werden könne.

Gerade in der Seeversicherung ist aber diese Gefahr kaum vorhanden. Denn einmal drängt schon die scharfe internationale Konkurrenz den Versicherer dahin, nach Möglichkeit den Interessen des Versicherungsuchenden zu dienen. Sodann stehen bei der Seeversicherung, anders als im sonstigen Versicherungsgeschäfte, zwei gleich starke und geschäftsgewandte Parteien einander gegenüber. Wo der finanzkräftige und durch korporative Verbände gefestigte Reeder als Versicherungsuchender auftritt, ist der Versicherer sogar der schwächere Teil. Und auch der nicht im Versicherungsgeschäft bewanderte Versicherungsuchende weiß seine Interessen zu wahren, da er regelmäßig mit Hilfe sachverständiger Berater (Assekuranzmakler, Kommissionäre) den Versicherungsvertrag abschließt.

Hinzukommt, daß gerade der Seeversicherer oft darauf angewiesen ist, selbst Versicherung zu nehmen, nämlich in den vielen Fällen, in den das übernommene Risiko zu groß ist, so daß der Versicherer durch Abgabe eines Teils desselben an einen anderen Versicherer sich den Rücken decken muß (Rückversicherung).

Diese besondere Lage des Versicherungsgeschäfts hat auch der Gesetzgeber offiziell anerkannt, indem er das ganze Transportversicherungsgeschäft von der sonst vorgesehenen Konzessionspflicht und behördlicher Aufsicht befreite (§ 116 des Gesetzes über die privaten Versicherungsunternehmungen vom 12. Mai 1901). Und diese Eigenart der Seeversicherung erklärt es, wie aus realen Geschäftsbedürfnissen, aus dem Kampf der Interessen ein fein organisiertes Recht hervorgehen konnte, das dann in den Versicherungsbedingungen sofort einen Niederschlag gefunden hat.

Ich gehe nun einen Schritt weiter und frage: Gibt uns die fortschrittliche Entwicklung des Versicherungsrechts, wenn wir ihre Ursachen richtig analysiert haben, nicht einen Fingerzeig für die Rechtsbildung überhaupt? Geht nicht aus ihr hervor, daß Recht finden nichts anderes heißt, als zwischen widerstrebenden Interessen den nach menschlichem Können besten Ausgleich zu finden, mögen nun bloß Interessen der einzelnen Individuen oder gleichzeitig auch Interessen der Gesamtheit, des Staats in Frage kommen?

Ist das aber richtig, so ist die meiner Arbeit zu Grunde gelegte realistische Methode auch eine Erfolg verheißende, und wir werden nur dann, wenn wir von sorgfältiger Betrachtung der Geschäftsbedürfnisse ausgehen, ein vom Leben getragenes und den reichen Strom des Lebens in sich aufnehmendes Recht finden können. Die Interessenlagerung allein gibt den festen Ausgangspunkt, dessen jede Wissenschaft bedarf, wenn sie sichere Resultate erreichen will.

Und wenn wir nur einen Blick in die Denkschriften und Gesetzesbegründungen moderner Gesetzeswerke werfen, so erkennen wir, daß unsere Methode auch die des Gesetzgebers ist.

Nur die Wissenschaft meidet diesen realen Weg. Sie will freie Geisteswissenschaft bleiben und sich nicht auf nüchternen Tatsachen festlegen lassen, gleichsam, als fürchte sie hiervon eine Verengerung ihres Gesichtsfeldes und eine Minderung ihres Gehaltes.

Diese Besorgnis ist eine unbegründete. Ich bin im Gegenteil der Überzeugung, daß der Wissenschaft aus der Berührung mit der Mutter Erde ein Reichtum neuer Ideen zufließen wird. Das haben andere Wissenschaften bei ihrem Übergange zu einem mehr realen Sein zu ihrem Vorteile erfahren. Ich darf nur an den Aufschwung der Naturwissenschaften und der Nationalökonomie erinnern. Doch wir brauchen nicht auf andere Wissenschaften hinüberzugreifen. Die Rechtswissenschaft selbst gibt ein glänzendes Beispiel dafür, was die reale Methode vermag.

Ich denke an das Buch von Einert, das den nüchternen und anspruchslosen Titel trägt „Das Wechselrecht nach dem Bedürfniß des Wechselgeschäfts im 19. Jahrhundert“ (1839) und in Deutschland, ja darüber hinaus Epoche gemacht hat.

Gleichwohl hat Einert in Deutschland nur spärliche Nachfolge gefunden.

Eine philosophische Neigung, die den deutschen Forscher auszeichnet, bisweilen aber den Blick von den Realitäten des Lebens abwendet, hat die deutsche Rechtswissenschaft bei ihren Bestrebungen, sich über das positive Recht hinauszuheben, einem aprioristischen Verfahren in die Arme geführt, und namentlich eine Art rein begrifflicher Forschung ins Leben gerufen, mit der ich mich auseinandersetzen muß.

Es ist das eine allzu voraussetzungslose Methode, die mit Begriffen operiert wie der Mathematiker mit festen Größen und ihre Ergebnisse durch rein begriffliche Ableitung und Konstruktion zu gewinnen sucht. Hätte sie Recht, so bedürfte es des umständlichen Weges nicht, den ich gegangen bin. Ich behaupte aber, daß diese Methode nichts erreichen kann, was auf wissenschaftliche Geltung Anspruch hat.

Denn Begriffe sind nicht absolute Werte, sondern willkürliche Bildungen. Sie geben nicht die Tatsachen an sich. Sie sind bloße Anschauungsformen, leere Hülsen, die den reichen Strom des Lebens nicht fassen.

Überdies entbehren sie meist der festen Prägung. Sie lassen sich beliebig im engeren oder weiteren Sinne nehmen. So kann man folgern aus ihnen, was man wünscht, man braucht es nur vorher in den Begriff hineinzulegen und ebenso leicht kann man hinterher einem wissenschaftlichen Angriffe gegenüber sich hinter einer besonderen Deutung des Begriffes zurückziehen.

Kurz, es lassen sich eine Reihe von Operationen ausführen, die im Grunde die Wissenschaft nicht fördern und nur subjektive Wahrheiten, also ein Nichts schaffen.

Etwas anders ist es, wenn es sich um *gesetzlich* fixierte Begriffe handelt. Hier gibt das Gesetz selbst den sicheren Ausgangspunkt. Es läßt sich aus dem Wortlaut des Gesetzes oder aus der ratio legis der Inhalt des Begriffes fest umgrenzen. Die objektive *Tatsache* des gesetzgeberischen Willens gewährt einen sicheren Untergrund, auf dem sich bauen läßt.

Meine Polemik gilt ausschließlich den gerade in tiefgründigen Arbeiten nicht seltenen Versuchen, auf ganz allgemeinen uferlosen Begriffen rechtliche Folgerungen aufzubauen. [2])

Ich gebe ein Beispiel, das typisch ist, weil es weite und möglichst farblose Begriffe heranzieht, die — erklärlich genug — diese begriffliche Methode bevorzugt.

Hecker sucht in seiner vielgenannten Abhandlung „Zur Lehre von der rechtlichen Natur der Versicherungsverträge" I, 1892 S. 24 f. nachzuweisen, daß der Begriff „Interesse" gleich sei dem Begriffe „Schaden" und sagt zur Begründung, beide Begriffe ließen sich „auf den farblosen Begriff Wert einigen", sich in ihm auflösen, daher falle „Interesse" und „Schaden" zusammen nach dem Satze, daß zwei Größen, die einer dritten gleich sind, untereinander gleich sind.

Ganz abgesehen nun von dem falschen Gedankengange, daß gleich sei, was unter irgend einen gemeinsamen Gattungsbegriff fällt — dann wären die heterogensten Dinge einander gleich, etwa Ehe = Miete, denn beide lassen sich auf den Begriff „Vertrag" einigen — so müssen wir doch fragen, was ist denn mit dem Ergebnisse Interesse = Schaden gewonnen?

Welche Folgerung von Wert läßt sich darauf gründen?

Ich meine, das Nichtige und Unwissenschaftliche solcher Operationen liege offen zutage.

---

[2]) Neuestens mehren sich die Stimmen gegen diese Methode, vgl. u. a. *Stampe* in der Deutsch. Jur.-Zeit 1905 Sp. 417 ff. (Nr. 9.). Ich meine, positive, auf feste tatsächliche Grundlage gestellte Arbeiten treten ihr am besten entgegen.

Gleichwohl bedeuten Versuche dieser Art eine Gefahr. Nicht immer ist es so einfach, den begrifflichen Irrgängen nachzuspüren wie hier, wo überdies das Ergebnis (Interesse = Schaden) dem Leser sofort anzeigt, daß ein Fehlgriff vorliegt.

Wird die Methode in der Praxis angewendet, so leistet sie wie keine andere der Dialektik des Advokaten Vorschub und führt den Richter in Versuchung, den Parteien Steine statt Brot zu reichen. Ihre schlimmste Rückwirkung hat sie aber auf die Wissenschaft selbst. Bringt sie doch alle Versuche, außerhalb des positiven Rechts sich zu bewegen, in schwer zu überwindenden Mißkredit und drängt die Wissenschaft hinter die Mauern des positiven Rechts zurück. Daß hierdurch das wissenschaftliche Leben eine schwere Einbuße an Bewegungsfreiheit erfährt, darüber kann ein Zweifel nicht bestehen. Die Wissenschaft hört auf, Wissenschaft im höchsten Sinne zu sein, sobald irgend eine äußere Autorität sie bindet. Mag es sich um ein noch so ausgezeichnetes Werk der Gesetzgebung handeln, die Freiheit des Forschens darf auch vor ihm nicht Halt machen.

Gegenüber den uferlosen Bestrebungen der begrifflichen Methode ist denn auch der Rückschlag nicht ausgeblieben, und wenn ich die gegenwärtigen Strömungen der Rechtswissenschaft richtig einschätze, so gilt heute noch für alle Untersuchungen, die aus dem Rahmen des positiven Rechts heraustreten, die historische Betrachtung als die allein berechtigte und vollgültige.

Nun will ich über den großen Wert der historischen Forschung kein Wort verlieren. Auch wenn ich diese Methode lediglich von meinem Nützlichkeitsstandpunkte aus betrachte, muß ich zugeben, daß sie unentbehrlich ist. Ersetzt sie doch dem Juristen gewissermaßen das Experiment, das er bei der Undurchsichtigkeit der Verhältnisse und der unübersehbaren Fülle juristischer Möglichkeiten nicht entbehren kann. Die Rechtsgeschichte läßt die rechtlichen Versuche früherer Zeiten erkennen, wobei allerdings die Voraussetzungen, unter denen sie gemacht sind, und ihre Erfolge nicht überall mit wünschenswerter Deutlichkeit hervortreten. Hier würde uns ein Blick in die gegenwärtigen Rechtszustände anderer Kulturvölker häufig mehr fördern, da uns deren Rechtsverhältnisse doch in vielem näher stehen und vollständiger zu durchschauen sind. Es fällt auf, daß die Wissenschaft des zivilen Rechts — das Strafrecht ist hier freier — gleichwohl so selten seitwärts schaut und ausschließlich den Blick rückwärts wendet.

Ich glaube, daß hier immer noch von Einfluß ist der Standpunkt der sog. historischen Schule, welche lehrt, das Recht sei geradezu „ein Produkt der Geschichte, ein Ausdruck des Volksgeistes, nicht der subjektiven Vernunft der einzelnen.“ Ich lege die Worte Dernburgs (Pandekten § 17 Nr. 2) zugrunde, welcher der letzten Generation diese Lehre vermittelt hat.

Wäre nun diese so scholastisch anmutende Auffassung richtig, so wäre jede freie Forschung seitens der „subjektiven Vernunft“ auf dem Gebiete des Rechts eine vergebliche. Die juristische Wissenschaft wäre zum bloßen Zusehen verurteilt, ein gegenüber der Freiheit anderer Wissenschaften unerträglicher Zustand.

Allein es genügt, einen Blick auf das bewußte und wohlüberlegte Schaffen zu werfen, das zu allen Zeiten die Quelle des Rechts war, um zu erkennen, daß die Annahme Savignys höchstens für ganz primitive Kulturzustände Geltung haben kann, in denen das Recht Sache des Volksbewußtseins, also eines dunkelen Gefühls war

Ebenso wie man in vergangenen Zeiten Brücken und andere Bauwerke errichtete, ich möchte sagen, nach einem unbestimmten Festigkeitsgefühle, weil man nicht verstand, die Beanspruchung derartiger Bauten auf Druck und Zug mathematisch zu analysieren, so war auch die Rechtfindung und Rechtsprechung nur so lange Gefühlssache, als man nicht in der Lage war, den einzelnen Fall in seine juristischen Elemente zu zerlegen, welche Kunst uns von den Römern übermittelt ist.

Es widerspricht offenbar den Tatsachen, wenn man heute noch das rudimentäre und in verschiedenen Volksschichten nicht selten verschiedene Bewußtsein des Volkes als Quelle des Rechts ausgeben will. Die Rezeption des dem deutschen Volke fremden und unverständlichen römischen Rechts ist allein schon eine schlagende Widerlegung dieser Lehre. Ja, man kann nicht selten den umgekehrten Vorgang beobachten, daß ein neues Gesetzesrecht erst eine Verfeinerung des Rechtsgefühls weiter Kreise veranlaßt. Als Beispiel nenne ich unsere Arbeiterversicherungsgesetze, von denen namentlich die Invalidenversicherung viel zu einer Läuterung des sozialen Pflichtbewußtseins beigetragen hat. (Näheres bei Ludwig Laß und Friedrich Zahn, Einrichtung und Wirkung der deutschen Arbeiterversicherung 1900 S. 233 ff.)

Wenn daher die historische Methode ihre Alleinberechtigung auf die Lehre Savignys gründet, so hat sie nur eine unzureichende Stütze. Ich meine, der historischen Forschung muß die rechtsvergleichende zur Seite treten, und beide bedürfen der realistischen Methode zur notwendigen Ergänzung. Die englische Gerichtspraxis verdankt der sorgfältigen Interessenabwägung schon heute Feinheiten, die uns fremd sind. Würde aber die deutsche Wissenschaft mit ihrer ausgezeichneten Systematik, die den Engländern fehlt, sich diese Betrachtungsweise zu eigen machen, ein großer Fortschritt müßte die unausbleibliche Folge sein.

Und wenn man weiter der historischen Forschung — sicherlich mit gutem Recht — nachrühmt, daß sie ein vortreffliches juristisches Bildungsmittel sei und zur Weitung des Blickes beitrage, namentlich da, wo sie zu einer durch reiches Detail belebten Geschichte der Ideen werde (so V. Ehrenberg, die deutsche Rechtsgeschichte und die juristische Bildung), so glaube ich, vermag auch die realistische Methode nach dieser Richtung ihr Scherflein beizusteuern.

Ich darf hierfür einige einfache Beispiele geben.

Wenn wir einmal das Institut des Wertpapiers, nach meinem Dafürhalten die feinste unter den juristischen Erfindungen, durch die realistische Brille betrachten, so finden wir, daß die Funktion des Wertpapieres in der Hauptsache eine doppelte ist:

1. es entkleidet Forderungen durch Beseitigung aller nicht evidenten Einreden ihres individuellen Charakters und schafft aus ihnen vertretbare Werte, insbesondere aus Geldforderungen absolute Summenforderungen, Geldsurrogate;

2. es verkörperlicht wesenlose Forderungen in einem Blättchen Papier und macht sie dadurch dem rein tatsächlichen, dem sog. gutgläubigen Erwerbe zugänglich.

Denn für diese Art des Rechtserwerbes ist nur Raum, wo der gutgläubig erwerbende den Rechtserwerb zu realisieren vermag, und diese Verwirklichung der Rechtsinhabung ist eben ermöglicht durch körperliche Inbesitznahme des Wertpapiers, das die Forderung vollkommen darstellt (quod non est in cambio, non est in mundo).

Oder ein noch einfacheres Beispiel: Wir betrachten das Institut der Beweiserleichterung und finden, daß im Gebiete des Obligationenrechts insbesondere das abstrakte Geschäft diesem Zwecke dient, während innerhalb des Sachenrechts dem Besitz die gleiche Funktion zufällt.

Wird nun nicht durch diese Parallele zwischen Besitz und abstraktem Geschäft, zwei getrennten Rechtsgebieten angehörenden, äußerlich ganz verschiedenen Rechtserscheinungen unser Gesichtsfeld erweitert, ebenso wie durch die Wahrnehmung, daß die kluge Erfindung des Wertpapiers wesenlose Forderungen dem tatsächlichen Erwerbe zugänglich macht und ihnen die gleiche Verkehrsfähigkeit verleiht wie den vertretbaren Sachen?

Ein weiteres Beispiel will unsere Arbeit selbst bieten, die eine Reihe von Rechtsvorgängen der verschiedenartigsten Rechtsgebiete auf einen einheitlichen Gesichtspunkt zurückzuführen sucht.

Wenn diese anspruchslosen Illustrationen schon einen Schluß gestatten, so meine ich, braucht auch an Allgemeinheit der Ergebnisse die realistische Methode nicht hinter der historischen zurückzustehen.

Nur dürfen wir uns nicht verhehlen, daß uns das realistische Verfahren meist vor nicht einfache Probleme stellt, so daß es Selbsttäuschung wäre zu glauben, auf den ersten Schlag das Rechte gefunden zu haben. Das gilt namentlich von dem Institute der Stellvertretung, die anerkanntermaßen eins der schwierigsten Kapitel in dem Buche der Rechtswissenschaft ist. Allein niemals kann die Größe der Aufgabe abschrecken. Liegt doch in ihr eine lebhafte Aufforderung für weite Kreise, mitzuarbeiten und Unrichtiges zu beseitigen, Unfertiges zu vollenden.

Lippert & Co. (G. Pätz'sche Buchdr.), Naumburg a. S.

FSC
www.fsc.org
MIX
Papier | Fördert
gute Waldnutzung
FSC® C083411

Kolibri 360 GmbH
Ferdinand-Jühlke-Straße 7
99095 Erfurt, Deutschland
produktsicherheit@kolibri360.de